김명숙류 산조춤

소천 素泉

무보집

김명숙류 산조춤 소천素泉 무보집

정남희제 황병기류
가야금 산조곡을 중심으로

김명숙 지음

이화여자대학교출판문화원

차례

김명숙류 산조춤 「소천(素泉)」 무보집을 만들며

황병기 선생님의 고요하면서도 폭발적인, 그리고 한국적이면서도 모던한 음악세계는 늘 저에게 자극과 영감을 주시며 지금까지 작품 활동을 하는 데 있어 원동력이 되어주십니다. 선생님과의 인연은 대학원 시절 강의를 수강하면서부터 시작되었습니다. 음악에 대한 지식뿐만 아니라 선생님의 음악세계, 그리고 인생에 대한 지혜를 배우면서 자연스럽게 선생님을 존경하게 되었습니다. 황병기 선생님의 음악에는 철학이 담겨 있습니다. 동양적 사상과 현대적 모던함, 정형화되지 않은 자유로움을 넘나드는 음악적 사유방식은 제가 추구하는 작품세계와도 일맥상통하는 부분이 많다고 느꼈습니다. 또한 작업과정에서 매순간 끊임없는 자극을 주시며 새로운 방향으로 유도해주셨습니다. 황병기류 산조곡은 물론이고 선생님의 주옥같은 곡들은 「샘」(2000, 2001), 「나비연가」(2003), 「육법공양 헌무의식과 소천(素泉)」(2003), 「사색의 춤 - 알·수·없·어·요」(2005), 「상·상」(2006), 이준열사 서거 100주년 기념초청공연(2007), 「황병기 명인의 산조 이야기 - 가야금 산조춤 전바탕」(2008), 뉴욕 아시아 소사이어티 초청공연 「Taintless Spring」(2009), 「상·상 II」(2009), 「김명숙의 한국춤 - 산조춤」(2010), 「상·상 III」(2012), 김명숙 늘휘무용단 가을 신작 「미궁」(2013), 창무국제무용제 우수작 초청공연 「법계」(2015), 김명숙 늘휘무용단 20주년 기념공연 「시간의 공간」(2016) 등의 공연을 탄생시키는 데 결정적인 영감을 주었습니다. 그 외에도 많은 안무 작업에서 선생님은 음악적인 조언을 아끼지 않으셨습니다.

1998년경 우연히 황병기 선생님의 가야금 산조 70분 전곡을 황병기·지애리 선생님의 연주로 듣게 되었습니다. 그 당시 저는 설렘을 넘어 이 곡을 꼭 춤으로 만들어보고 싶은 간절한 열망이 생겼고, 황병기 선생님의 허락을 받게 되었습니다. 다음해인 1999년 「전통의 맥찾기 II」 공연에서 처음으로 선생님의 짧은 산조곡에 맞춰 15분 산조춤을 구성하여 국립국악원 예악당 무대에 선보였습니다. 그 무대를 시작으로 산조춤은 15분에서 20분, 30분, 그리고 마침내 2006년 늘휘무용단 10주년 기념공연 무대인 LG아트센터에서 70분 전곡에 맞춘 산조춤을 완성하여 공연했습니다. 선생님께 산조곡 70분은 대곡이어서 10년을 두고 천천히 완성해가겠다고 약속드렸는데 예상보다 빠르게 진행되었습니다. 아마도 그간 산조곡에 심취해 있었던 것 같습니다.

황병기 선생님의 가야금 산조곡 70분에 맞춰 구성된 산조춤은 한국의 아름다운 사계를 한국춤의 본질적인 움직임에 담아 '소리가 춤이 되고, 춤이 소리가 되는' 악가무일체의 작품을 선보이고자 만들게 되었습니다. 이 작품은 LG아트센터, 예술의전당 토월극장, 국립국악원 예악당 등 국내 유수의 극장에서 공연되었을 뿐 아니라 뉴욕 Asia

Society 무대를 시작으로 파리 UNESCO, 헤이그 Royal Theatre 등지로부터 초청받아 호평을 받아온 늘휘무용단의 대표 작품입니다. 그리고 지난 2016년, 늘휘무용단 20주년 기념공연인 「시간의 공간」 무대에서 70분 산조춤의 정수만을 응축하여 30여 분의 산조춤 「소천(素泉)」을 선보이게 되었습니다.

이러한 산조춤을 무보로 남겨야겠다고 결심한 것은 어느 한 순간이 아니었습니다. 여러 해 동안 산조춤에 애정을 가지고 성장과정을 지켜봐주신 많은 분들이 황병기 선생님의 훌륭한 곡으로 구성된 산조춤이 기록으로 남겨지기를 독려해주셨습니다. 산조춤의 무보화 작업이 얼마나 어려운지를 알기 때문에 쉽게 결정할 수 없었으나 후학을 양성하는 위치에 있는 한 사람으로서 사명감을 가지고 용기를 내었습니다. 지금의 이 작업이 후세대의 무용인들에게 70여 분 산조춤의 구성 원리와 춤사위, 표현기법 등의 이해를 도모하는 하나의 지침서가 되기를 바라는 마음으로 김명숙류 산조춤 무보화 작업을 시작하게 되었습니다.

이 무보집에서는 김명숙류 산조춤을 객관적으로 기술하고 학구적인 측면에서 춤을 보다 쉽게 읽을 수 있는 다양한 방법들을 시도해보았습니다. 특히 춤을 0.1초 단위로 아카이브화하는 디지털 작업, 호흡의 기호화 작업, 시선의 방향을 라바노테이션 기호로 표기하는 등 기존에는 시도하지 않았던 새로운 형식의 무보를 선보이고자 했습니다. 무보는 장단별로 사진, 악보, 호흡, 플로어 패턴(Floor Pattern), 시선, 동작 설명으로 구성하여 춤을 통합적으로 한눈에 볼 수 있도록 했으며, 사진에서 미세하게 보이는 호흡과 플로어 패턴을 기호화하여 춤 리터러시 향상을 꾀했습니다. 이처럼 한국 무용의 특성상 호흡이 길게 이어지고 3차원적으로 쉐이핑되는 몸태의 특성을 고려하여 다각적 방법으로 무보를 구성하고자 했으며, 이는 한국 무용계의 새로운 시도가 될 것이라 기대합니다.

서울예고 시절 기본기를 튼튼히 다져주신 故 최현 선생님, 이화여대 재학 시절 창작춤의 가르침을 주신 김매자 선생님, 한영숙류 태평무의 가르침을 주신 故 한영숙 선생님, 궁중정재인 춘앵무의 가르침을 주신 故 김천흥 선생님, 20여 년 동안 이매방류 살풀이춤의 가르침을 주신 故 이매방 선생님께 배운 춤사위가 제 몸속에 녹아들어 새로운 김명숙류 산조춤이 탄생했다는 생각을 하니 더욱 스승님들에 대한 그리움과 감사의 마음이 깊어집니다.

이 책을 출간하기까지 도움을 주신 많은 분들께 감사를 드립니다. 특히 오랜 시간 황병기 선생님의 가야금 대곡(大曲)으로 완성된 김명숙류 산초춤 「소천(素泉)」의 무보화 작업에 있어서 큰 가르침을 주시고 산조곡 악보를 사용할 수 있도록 허락해주신 황병기 선생님께 깊은 감사를 드립니다. 또한 사진 촬영에 도움을 주신 양동민 작가님과 무더운 여름 무보 촬영을 위해 열심히 연습해준 제자 김민지, 원고 집필에 도움을 준 박사과정 배진일, 이은정에게 고마운 마음을 전합니다. 늘 진심을 담아 무보 작업에 대해 같이 고민해준 제자 안시향에게도 고마움을 전합니다. 마지막으로 부족한 책의 출판을 허락해주신 이화여자대학교출판문화원 관계자 분들께 감사의 마음을 전합니다.

2017년 10월 이화동산에서

김명숙

이화여자대학교 무용과 교수

늘휘무용단 예술감독

김명숙류 산조춤 「소천(素泉)」 무보집의 탄생을 축하하며

휘발(揮發)이라는 말을 들어본 적이 있으시겠지요? 액체가 기체가 되어 날아 흩어지는 현상을 우리는 휘발이라 부릅니다. 휘발유, 기름이 날아가 버린다는 뜻이겠지요. 공기와 닿는 순간 제 몸을 공기 속으로 던져버리는 기름, 그것을 기름이라고 불러야 할까요, 아니면 공기라고 불러야 할까요?

공기와 닿는 순간 사라지는 것은 기름만이 아닙니다. 어떤 예술은 그 시작이 바로 끝이 됩니다. 가야금 줄을 한 줄 튕겼을 때, 춤꾼이 손끝을 살짝 떨었을 때, 그 모든 울림은 그 순간 허공 속으로 사라집니다. 현재가 바로 과거로 휘발하며 기억 속으로 사라질 때 내가 울리고 싶었던 것이 과거였는지 아니면 현재였는지 늘 아득해지곤 합니다. 사라진 것과 사라지지 않는 것, 이미 온 것과 아직 오지 않은 것 사이에서 길을 잃지 않도록 안간힘을 다하며 서성대는 것이 어쩌면 공연예술가의 숙명인지도 모르겠습니다. 그리하여 내가 가야금을 만지는 순간은 언제나 끝없는 유목이며 소리 없는 대결이었습니다. 자칫 미망에 빠질 수 있는 순간을 경계하며 소리가 마음의 진정을 고스란히 담아 휘발될 수 있도록 제 손길은 언제나 텅 비어 있는 공간을 향했던 것을 아마 알고 계셨을 것입니다.

김명숙 선생은 이처럼 사라지는 것들의 여백을 참으로 섬세하게 살려내는 작가입니다. 전통이라는 것이 자칫하면 고루한 반복이나 부박한 유행으로 전락하기 쉬운 이때, 그는 언제나 격조와 품격을 당대의 몸말을 통해 탁월하게 형상화하는 솜씨를 보여주었습니다. 이것은 그가 이미 과거를 현재로 살아가며 미래를 끌어안고 있기 때문일 것입니다. 상상의 힘이란 바로 그런 것이겠지요. 요즘에는 끝까지 듣기도 쉽지 않은 가야금 산조 70분을 춤으로 담아 자신의 이야기를 펼칠 수 있다는 것은 그가 얼마나 패기 넘치며 유려하고 웅숭깊은 세계를 가슴에 담고 있는 춤꾼인지 새삼 짐작하게 합니다.

김명숙 선생의 산조춤은 1999년 국립국악원 예악당에서 공연된 「전통의 맥찾기」 무대에서 초연되었습니다. 70여 분의 산조곡 중 일부인 15분을 춤으로 구성하여 처음 선보인 이후, 2003년 국립국악원 예악당에서 공연된 「전통의 맥찾기 II」 무대 등 2~3차례에 거쳐 70분 전곡에 맞춘 산조춤 구성에 지속적으로 도전해 갔습니다. 그리고 2006년 늘휘무용단 10주년 기념공연에서 70분 산조춤이 완성되어 LG아트센터 무대에서 선보이게 되었습니다. 그 후 10여 년이 지난 2016년, 늘휘무용단 20주년 기념공연에서 그 본질만을 응축하여 LG아트센터 무대에서 공연했습니다. 산조춤의 초연 공연부터 70분 산조춤이 완성되고 발전되어가는 전 과정을 무대의 한 켠에서 지켜보며 음악과 춤이 하나 되어 휘발하는 경이로운 모습을 보게 되었습니다.

그런데 2017년, 김명숙 선생이 70여 분의 긴 산조곡 중 30여 분으로 축약한 곡의 산조춤을 무보 작업한다고 해서 다시 한번 놀랐습니다. 제 가야금 산조가 연주되는 동안 김명숙 선생의 춤은 다스름을 시작으로 진양조, 중모리, 중중모리, 엇모리, 자진모리와 휘모리, 그리고 단모리를 휘감아 세계가 열리고 피어나며 맺혔다 터지는 순간을 보여주었습니다. 선생은 제 음악을 빌려 비로소 작품을 열었다 하지만, 그는 자신의 영혼 속에 새겨진 세계의 비의를 진솔하게 보여줄 수 있는 겸손하고 뛰어난 작가입니다. 고요와 역동, 침잠과 격정을 자유롭게 직조하며 짜낸 작품은 이미 나의 손을 떠난 김명숙 선생의 새로운 작품입니다.

김명숙 선생이 지난 20여 년간 혼신을 다해 일궈온 산조춤이 2017년 무대가 아닌 '무보'라는 새로운 공간에서 다른 방식의 소통으로 출발합니다. 그곳에 나의 음악이 쓰일 수 있다는 것만으로도 무한한 기쁨을 느끼며, 춤과 음악이 어우러져 휘발하는 것을 돕는 것으로 제 역할은 충분할 것입니다. 산조춤의 의미 있는 이번 작업으로 그 울림이 거듭 새롭고 더욱 보람되며 영원으로 기록되기를 바랍니다.

2017년 10월

황병기

이화여자대학교 명예교수

대한민국예술원 회원

정남희제 황병기류 산조의 구성*

정남희제 황병기류 가야금 산조는 가야금 산조의 거장이었던 정남희(丁南希, 1905-1984)의 산조 가락을 황병기가 수십 년간 다듬고 자신의 가락을 보태어서 완성한 산조이다. '다스름', '진양조', '중모리', '중중모리', '엇모리', '자진모리', '휘모리', '단모리'의 8악장으로 구성되어 있으며, 연주시간이 70분으로 가야금 산조 사상 최대 규모이다. 또한 장식음, 잔가락, 농현 등을 절제하면서, 가락의 논리적인 전개, 죄고 푸는 리듬의 역동성, 정적인 가락과 동적인 가락의 대비 등 음악적인 구성미가 뛰어난 산조로서, 아기자기한 재미보다는 고고한 음악적 희열을 추구하는 높은 격조를 지니고 있다.

1. 다스름

다스름은 무장단 3장으로 구성되어 있고 전부 황병기가 짠 가락이다. 자유분방한 리듬으로 짜여져 있으며, 기운이 생동하는 듯한 빠른 템포의 상행하는 선율로 시작하여 한아하고 흥겨운 가락과 여유 있는 리듬으로 마무리된다.

2. 진양조

진양조는 15장 117장단으로, 1장단이 6박으로 구성되어 있으며 우조, 웃청 계면조, 돌장, 평우조, 평조, 평계면조, 진계면조, 계면조, 변청 진계면조 등으로 구성되어 있다. 평화롭고도 호방한 가락으로 시작하여 화평한 가락이 이어지다가 슬픔을 한껏 나타내는 진계면조에서는 정남희의 음악적 격조가 잘 나타난다. 이와 같이 깔끔하고 정제된 계면조 가락은 다른 어느 산조에서도 찾아볼 수 없다.

3. 중모리

중모리는 12장 87장단으로, 보통 빠르기의 12박이 1장단으로 구성되어 있으며 3박씩 4개의 구조를 가지고 있다. 계면조, 경조, 평조, 우조, 진계면조, 평계면조 등으로 구성되어 있다. 화평한 가락으로 시작하며 6장에 이르러서는 엇붙임을 많이 사용하여 리듬이 몹시 까다로우면서도 흥겹다. 이후 전체적으로 발랄하고 환희에 찬 가락으로 이어지다가 깔끔하고 정갈한 가락으로 마무리된다.

---

* 황병기(1998), 『정남희제 황병기류 가야금 산조』, 서울: 이화여자대학교출판문화원.

4. 중중모리

중중모리는 6장 71장단으로, 12박의 중모리를 빠르게 치는 것과 흡사하며 평조, 계면조로 구성되어 있다. 중간에 단순한 듯하면서도 엇박과 헤미올라를 많이 사용하고 선율의 진행도가 기발한 데가 많은 파격적인 가락을 선보이며, 이후 신명나는 리듬의 전개가 두드러진 동적인 가락과, 이와는 대조적으로 정적이고 절제된 가락이 이어진다. 마지막에는 한껏 고양된 가락으로 시작하여 조용하게 가라앉으며 끝난다.

5. 엇모리

엇모리는 6장 72장단으로, 1장단이 5박으로 구성되어 있다. 계면조, 평조, 우조, 진계면조 등으로 구성되어 있다. 엇모리는 판소리에도 드물게 나오는 장단이지만 대부분의 산조에도 없다. 정남희 산조에도 본래 없었는데 월북한 후 짠 엇모리가 북한 녹음테이프에 수록되어 있었다. 제2장부터 끝까지 북한 녹음테이프의 가락인데, 그 도입부라 할 수 있는 제1장은 황병기가 짜서 넣었다.

6. 자진모리

자진모리는 13장 196장단으로, 빠른 4박으로 치며 매 박이 3분박으로 세분된다. 평우조, 우조, 평조, 계면조, 엇청 평조, 경조, 엇청 경조 등으로 구성되어 있다. 중간에 음형이 마치 대결하듯 교대로 나와서 긴장감이 절정에 달하면 급격하게 하행하여 종지한다. 또한 다양한 엇박의 기법으로 한 각 단위의 음형이 두 번씩 반복하면서 긴장감을 일으키며 속도감 있게 진행되어 기교적이면서도 시원스러운 느낌을 준다. 마지막에는 아주 경쾌하다가 문득 아주 슬픈 분위기로 바뀌어도 전혀 부자연스럽지 않은 점이 절묘하다.

7. 휘모리

휘모리는 5장 71장단과 무장단 4마루로, 모두 계면조로 구성되어 있다. 휘모리는 남도악에서 가장 빠른 장단을 일컫는 용어인데, 자진모리가 한층 빨라진 것이다. 복합 4박자(12/8박자)인 자진모리가 극도로 빨라지면서 흔히 단순 4박자(8/8박자 즉 4/4박자)로 변하는 것이 일반적이기는 하지만 복합 4박자의 형태를 고수하면서 템포만 빨라질 수도 있다. 마지막에는 한껏 긴장되었던 분위기를 풀어주는 무장단 가락이 있다.

8. 단모리

단모리는 10장 124장단과 무장단 1마루로, 계면조, 평계면조, 엇청 평조, 평우조로 구성되어 있다. 가야금 산조 중 단모리는 판소리의 휘모리와 같은 장단으로 생각하지만 가야금 산조 중의 단모리는 휘모리보다도 동살풀이적인 장단이기 때문에, 한 각을 8/4박으로 보았다. 리듬 밀도를 높여서 긴장감을 고조시키고 음형을 단축시켜서 긴징감이 극에 달하면 새로운 가락을 만들어간다. 두 개의 음형을 하나의 선율로 풀어서 확장시키며 분산화음을 사용하고 엇박을 자주 사용한 점이 특색이다.

김명숙류 산조춤 「소천(素泉)」의 구성

산조는 기악 독주 음악의 한 갈래로, 주로 남도소리의 시나위와 판소리의 가락을 장단이라는 틀에 넣어 연주하는 즉흥성을 띤 음악이다.* 산조춤은 '산조'라는 독특한 독주 음악에 맞추어 추는 실내무용의 홑춤으로 남녀의 구별 없이 춤꾼의 감성을 산조곡에 실어 시각과 청각의 미감을 동시에 만족시키는 춤이라 할 수 있다. 우리 전통 악(樂)의 개념을 살펴보면, 악(樂)은 가(家)무(舞)기(器)악(樂)의 총칭으로서 그 명칭이 각각 독자적인 의미를 가지면서 서로 호환되어 사용되는 경우가 많다. 특히 산조춤은 음악과 무용이 각각 독자성을 가지면서 서로 합일적 의미를 갖는 특성**을 보이는데, 현재까지 산조음악과 산조춤은 밀접한 관계 속에서 다양한 유파로 분류되어 발전되어 왔다. 산조춤은 계보와 지역적 특성에 기인한 다양한 유파가 존재하며 강태홍류, 김진걸류, 황무봉류, 최현류, 김백봉류, 호남류 등으로 분류될 수 있다.

김명숙류 산조춤 「소천(素泉)」은 '물들이지 않은 천연의 삼베와 같은 자연스럽고 깨끗한 샘'이라는 뜻으로 한국춤이 지니고 있는 여성미와 단아한 춤사위가 묘미인 작품이다. 김명숙류 산조춤과 짝을 이루는 정남희제 황병기류 가야금 산조는 정남희제 산조 가락을 황병기가 수십 년간 다듬고 자신의 가락을 보태어 완성한 가야금 산조로서 다스름, 진양조, 중모리, 중중모리, 엇모리, 자진모리, 휘모리, 단모리 등 총 8악장에 이르는 가야금 산조 사상 최대 규모의 산조이다.

이렇듯 음악적인 완성도가 높은 산조에 맞춰 추는 김명숙류 산조춤 「소천」은 편안하면서도 섬세한, 깔끔하면서 우아한 춤사위를 정제시켜 절제된 멋으로 풀어내는 것이 특징이다. 특히 가야금 현의 독특한 음색과 춤사위의 발디딤이 완벽한 조화를 이루며 춤은 소리가 되고, 소리가 춤이 되는 경지를 보여준다. 김명숙류 산조춤 「소천」은 '춤 그대로의 춤'을 지향하며, 정중동의 미니멀한 움직임, 아름다운 선, 단아한 자태로 담백하고 격조 있게 음악과 춤의 본질을 추구하고자 한다.

---

* 이해랑(1985), 『한국음악사전』, 대한민국예술원, 205쪽.

** 김온경(1997), 「강태홍류 산조춤 연구」, 『한국무용연구』 제15집, 21쪽.

1. 다스름

다스름은 무장단으로 춤을 시작하기 전 호흡을 가다듬고 마음을 가라앉히며 느린 흐름으로 시작하는 춤이다. 한국춤 움직임의 원리인 땅의 기운을 받아 하늘로 상승하는 듯한 몸의 기운을 표현하기 위해 가부좌의 자세로 움직임이 구성되어 있는 것이 특징이다. 하늘은 땅을 지향하고 땅은 하늘을 사모하듯 가만히 엎드려 자신의 모습을 바라보고 더 집중하여 마음을 바라본다.

2. 진양조

진양조는 1장단이 6박으로 구성되는 장이다. 춤사위는 「밀고당김사위」, 「끌어붙임걸음」, 「돌려감기사위」, 「들어돌리기」, 「활사위」, 「허리감기사위」 등으로 구성되어 있으며 바닥과 밀착된 낮은 중심의 동작이 특징이다. 단단한 땅의 기운을 느끼며 느린 호흡으로 시작하는 진양춤은 끊이지 않고 연결되는 호흡과 동작이 선율과 완벽한 조화를 이룬다. 한국춤의 신비롭고 우아한 느낌의 '뒷태'가 살아 있는 춤을 담고자 했으며 담백하고 격조 있게 춤의 본질을 추구하고자 했다. 마치 매화가 혹독한 겨울을 이겨내고 피어나듯, 움직이면서 움직이지 않는 정중동의 미의 극치를 보여준다.

3. 중모리

중모리는 1장단이 12박으로 구성되는 장이다. 춤사위는 「그네디딤」, 「끌어들기」, 「깨끼걸음」, 「들어돌리기」, 「감아디딤」 등으로 구성되어 있으며 다양한 형태의 발디딤으로 가야금 선율에 맞는 독특한 발사위를 선보이는 것이 특징이다. 고요한 듯 끊임없이 흘러가는 춤사위는 가야금 현 사이를 넘나들며 멋과 흥을 고조시킨다. 특히 엇붙임 가락으로 진행되는 가야금 선율에 맞추어 춤 또한 멋스럽게 넘나들며 활발한 춤사위를 보여준다. 기품 있는 춤의 고저에서 조용하지만 그 안에서 편안함과 사색적 탐미가 느껴지는 춤사위로 구성된다. 특히 이 장은 뜨거운 여름날 선선한 대나무숲을 거니는 듯한 여유로움의 미학을 보여준다.

4. 중중모리

중중모리는 1장단이 12박으로 구성되는 장이다. 춤사위는 「장전걸음」, 「중전걸음」, 「세전걸음」, 「돋움깨끼」, 「몸통감기사위」, 「나비사위」, 「나선돌기」, 「회오리사위」 등으로 구성되어 있으며 입체적인 곡선의 움직임과 나선 형태의 공간이동이 특징이다. 중모리보다 조금 더 빠른 템포로 진행되며 단순한 듯하지만 복잡하고 동적인 듯하지만 정적으로 대비되는 선율에 맞추어 다양한 춤사위를 선보이는 장이다. 한국춤의 아름다운 선, 단아한 자태, 미니멀한 움직임 등을 총체적으로 보여준다.

5. 엇모리

엇모리는 1장단이 5박으로 구성되는 장이다. 춤사위는 「겹디딤」, 「그네디딤」, 「찍기」, 「엇사위」, 「돋움」, 「들어돌리기」, 「디딤돌기」, 「회오리사위」 등으로 구성되어 있으며 맺고 푸는 호흡의 강약 조절로 한층 고조된 움직임의 미학을 선보인다. 엇모리는 다른 산조춤에는 거의 없는 황병기류 가야금 산조곡만의 독특한 장단 구성이다. 특히 이 장은 가야금 산조가 가지고 있는 즉흥성을 적극 활용하여 춤을 구성했으며, 다채로운 엇박의 묘미를 춤으로 잘 표현하고 있다. 마치 화려하게 흩날리는 낙엽 아래에서 인생의 노을을 관조하듯 '절제된 화려함의 미학'을 선보인다.

6. 자진모리

자진모리는 1장단이 빠른 4박으로 구성되는 장이다. 춤사위는 「끌어붙임걸음」, 「찍기」, 「자진옆걸음」, 「감아디딤」, 「잔걸음」, 「끌어들기」, 「들어돌리기」, 「돋움깨끼」, 「모아앉은사위」, 「세발걸음」, 「배꽃사위」, 「여울사위」 등으로 구성되어 있으며 끊이지 않는 춤사위의 흐름과 빠른 잔걸음이 특징이다. 가야금 산조곡이 자진모리 장단에 이르면 음악은 점점 더 절정에 이르게 되며, 춤 또한 현란하게 넘나드는 가야금의 현 사이로 열정적이면서도 차갑고 복잡하면서도 단순한 움직임의 극과 극이 서로 만나 소통하는 일련의 과정을 보여준다. 움직이지 않으나 움직이고, 움직이나 움직이지 않는 깊은 사념의 춤이 이어지면서 깊은 호흡을 여지없이 보여준다. 이 춤사위에는 한국춤의 본(本)을 찾으려는 마음이 여실히 담겨 있다.

7. 휘모리

휘모리는 1장단이 빠른 4박으로 구성되며 자진모리보다 빠른 템포로 진행되는 장이다. 춤사위는 「돋움깨끼」, 「밀어돋움하기」, 「잔걸음」, 「돌려감기사위」, 「까치뛰기」, 「끌어붙임걸음」, 「디딤돌기」, 「배꽃흩날림사위」, 「겹디딤」 등으로 구성되어 있으며 호흡의 정점을 이루는 춤사위와 빠른 발디딤의 전개가 특징이다. 휘모리는 가야금 산조곡의 절정을 표현하는 장단으로, 가벼운 손놀림으로 가야금 현 사이를 넘나드는 것이 특징이다. 이에 맞춰 구성된 움직임 역시 천상으로의 지향을 춤추듯 가벼운 춤사위로 무대 가득 빠른 발놀림으로 누비고 다니며 감정을 승화시킨다. 자연의 바람이 빨라지듯 인간의 호흡도 빨라지며 소요와 침묵 속에 가볍게 날아오른다.

8. 단모리

산조곡의 마무리를 장식하는 단모리는 절정에 이르렀던 춤사위가 점점 한곳으로 모여 응축되는 모습을 보여준다. 이 장은 보일 듯 말듯한 움직임 속에 끊임없이 되솟아 오르려는 인간의 소망이 담겨 있으며, 마치 혹독한 눈보라를 이겨내듯 굴신과 깊은 호흡을 반복하며 상승의 이미지를 응축시켜 비상의 염원을 강렬하게 보여준다.

동작 용어 설명

동작 용어는 기존에 존재하는 한국 무용 용어와 김명숙류 산조춤에 등장하는 독특한 춤사위에 새로운 용어를 붙여 기술했다.

1. 발사위

- **디딤** 한 발을 뒤꿈치부터 발바닥 전체로 내딛는 동작
- **겹디딤** 동일한 발을 연속적으로 두 번 내딛는 동작
- **돋움** 바닥에서 뒤꿈치를 떼고 앞전 중심으로 올라 선 동작 (양발 돋움/한발 돋움)
- **찍기** 발의 뒤꿈치나 중전을 찍는 동작 (앞찍기/옆찍기/뒷찍기)
- **장전걸음** 한 장단에 한 발 걷는 동작
- **중전걸음** 한 장단에 두 발 걷는 동작
- **세전걸음** 박마다 걷는 동작
- **세발걸음** 연속적으로 세 번 걷는 동작
- **깨끼걸음** 뒤꿈치를 들고 발가락으로 선 돋움 상태에서 빠르게 걷는 동작
- **돋움깨끼** 한 발을 딛은 후 앞전 중심으로 돋움하여 빠르게 걷는 동작
- **잔걸음** 디딤을 연속적으로 빠르게 연결하는 동작
- **자진옆걸음** 양발로 땅을 다지듯이 자진걸음하며 연속적으로 디딤하는 동작

- **들어걷기** 한 발 들어 딛고 뒤꿈치를 모으는 동작
- **들어돌리기** 중심발의 안쪽 복사를 다른 발의 뒤꿈치가 스치듯 들어 돌려주는 동작
- **끌어들기** 중심발의 안쪽 복사를 다른 발의 뒤꿈치가 스치듯 들어올리는 동작
- **끌어붙임걸음** 한 발을 먼저 내딛는 동시에 뒷발을 끌어붙여 모으는 동작
- **그네디딤** 두 발 앞으로 끌어모았다가 뒷돋움한 후 한 발 앞중심으로 내려딛는 동작
- **감아디딤** 한 발 딛고 반대발을 그 앞으로 감아 딛는 동작

- **돋움밀어내기** 양발을 돋움한 후 한 발을 앞으로 밀어내는 동작
- **밀어돋움하기** 한 발 앞으로 밀어낸 후 끌어당기며 돋움하는 동작
- **나선돌기** 한 발 축을 중심으로 나선 형태를 이루며 돌아가는 동작
- **디딤돌기** 제자리에서 오른발, 왼발 연속으로 딛으며 돌아가는 동작
- **까치뛰기** 뛰며 끌어붙임하는 동작

2. 전체 몸사위

- **허리감기사위** 양손을 앞뒤로 허리 감는 동작
- **몸통감기사위** 한 팔은 머리 위에서 내려 감고 다른 한 팔은 몸통을 감는 동작 (앞몸통감기/뒷몸통감기)
- **손등밀기** 양팔을 내린 상태에서 손등과 손바닥을 번갈아 가며 앞뒤로 밀어내는 동작
- **돌려감기사위** 손바닥을 위로 들어올렸다가 몸 안쪽으로 돌려 감는 동작
- **엇사위** 양팔을 사선 위아래로 펼치는 동작
- **활사위** 양 손등을 진행 방향의 사선 위로 올려 뒷손은 머리 위로 돌려 감고, 다른 한 손은 사선 위에서 손등만 뒤집는 동작
- **모아앉은사위** 양발을 모아 무릎을 완전히 구부려 앉는 동작
- **밀고당김사위** 왼발을 찍고 호흡을 밀고 당기며 굴신하는 동작
- **어름사위** 몸통을 좌우·앞뒤로 움직이는 동작
- **나비사위** 오른발을 사선 앞딛기하며, 나비가 날개를 편 듯 양팔을 사선으로 돌려 감기하는 동작
- **배꽃사위** 배꽃이 피듯 오른발을 앞디딤하며 오른손을 머리 위로 돌려 감은 후 왼발 왼손, 오른발 오른손을 순차적으로 디딤하면서 머리 위로 휘감아 앞찍기하는 동작 (배꽃사위 2장단/짧은 배꽃사위 1장단)
- **배꽃흩날림사위** 꽃잎이 흩날리듯 양팔을 곡선으로 내리며 뛰고 겹디딤하는 동작
- **여울사위** 물살이 굽이쳐 돌아가듯 앞사선으로 잔걸음하며 오른손, 왼손을 순차적으로 앞뿌리고, 뒷 잔걸음 후 양팔을 뒤로 모아 도는 동작
- **연풍대** 몸을 회전하면서 원을 그리며 이동하는 동작
- **회오리사위** 양팔로 앞뒤 몸통을 휘감아 제자리에서 디딤돌기한 뒤, 앞발을 밀어 내딛으며 팔을 사선 앞뒤 수평으로 펼쳐 밀고 뒤로 돋움깨끼하는 동작 (열린 회오리사위/닫힌 회오리사위)

일러두기

1. 악보

악보는 장단별로 구성되었다. 정남희제 황병기류 가야금 산조는 총 70여 분 길이로 이루어졌으나 본 무보에서는 30분가량의 핵심적인 부분을 발췌하여 무보로 작성했다.

2. 호흡

호흡은 라바노테이션의 동작 기호를 적용하여 호흡 기호로 표기했다. 일부는 한국춤의 특징적인 호흡에 맞게 라바노테이션 기호를 활용하여 창안했다. 호흡 기호는 동작에서 가시적으로 드러나는 큰 호흡을 중심으로 다섯 가지로 분류했다.

기호	설명
V	들이마심 호흡: 동작과 함께 숨을 들이마신다.
Λ	내쉼 호흡: 동작과 함께 숨을 내쉰다.
O	정지 호흡: 정지 동작과 함께 숨을 멈춘다.
●	평호흡: 동작과 함께 편안하게 숨을 들이마시고 내쉰다.
	어름호흡: 몸통을 좌우·앞뒤로 움직이는 어름사위하며 숨을 들이마시고 내쉰다.

3. 플로어 패턴

플로어 패턴(Floor Pattern)은 무대에서 객석을 바라본 기준으로 작성했다. 무대 방향은 음양사상의 8괘의 개념에 입각하여 정면, 상수 앞사선, 상수 가운데, 상수 뒷사선, 뒷정면, 하수 뒷사선, 하수 가운데, 하수 앞사선의 공간으로 표기했다. 또한 한국춤의 특성상 원형의 형태로 이루어지는 이동 구성이 많기 때문에 원형 기호를 겹으로 표기하여 공간감과 거리감을 나타냈다. 플로어 패턴 상에서 점(●)은 무용수를 의미하며 이동 방향은 화살표(→)로 표기했다.

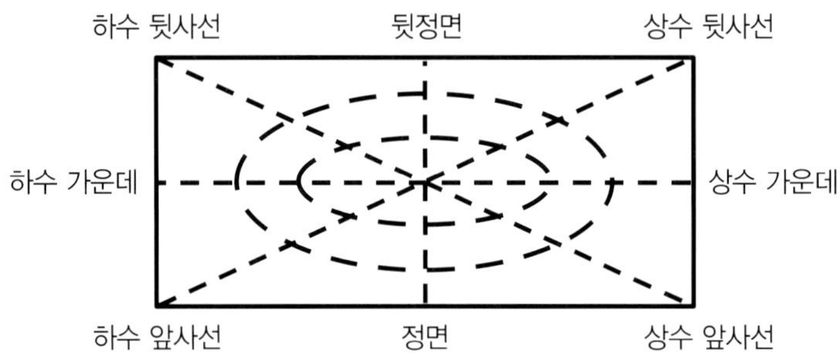

예시)

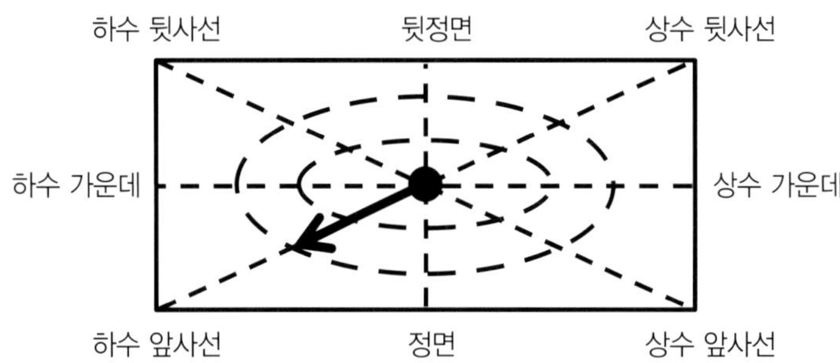

4. 시선

시선은 라바노테이션 표기법 중 움직임의 방향과 높낮이 기호를 시선의 방향으로 적용하여 표기했다. 시선의 방향은 기호의 모양으로, 높낮이는 빗금(위), 가운뎃점(중간), 검정(아래)으로 구분했다. 기호는 무대 정면을 향한 무용수를 중심으로 표기했다.

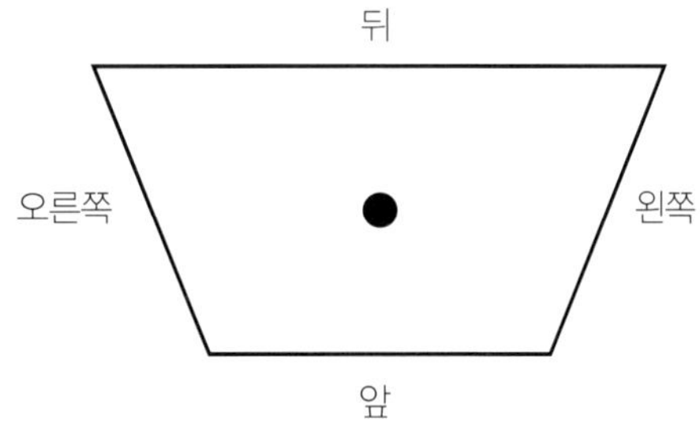

기호	방향 및 높낮이	기호	방향 및 높낮이	기호	방향 및 높낮이
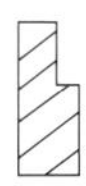	위 앞	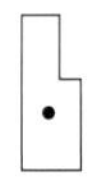	중간 앞		아래 앞
	위 뒤		중간 뒤		아래 뒤
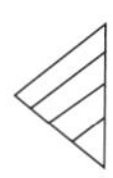	위 왼쪽 옆	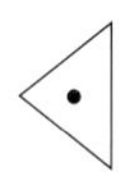	중간 왼쪽 옆		아래 왼쪽 옆
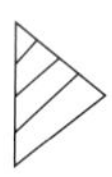	위 오른쪽 옆	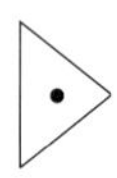	중간 오른쪽 옆		아래 오른쪽 옆
	위 왼쪽 앞		중간 왼쪽 앞		아래 왼쪽 앞
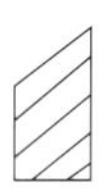	위 오른쪽 앞	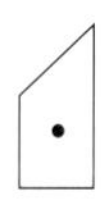	중간 오른쪽 앞		아래 오른쪽 앞
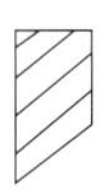	위 왼쪽 뒤		중간 왼쪽 뒤		아래 왼쪽 뒤
	위 오른쪽 뒤		중간 오른쪽 뒤		아래 오른쪽 뒤

5. 동작 설명

무보에 기재된 동작 설명은 1박 단위로 기술되었다. 박에 따른 동작 설명은 호흡, 팔사위, 발사위, 시선으로 구성되며 앞에서 제시한 동작 용어는 「 」로 표기하여 특징적인 사위가 잘 보이도록 했다. 특히 동작 설명과 함께 한 장단 안에서 시선이 어떻게 변화하는지 표기하여 동작을 총체적으로 기술했다.

무보

다스름

다스름은 무장단으로 춤을 시작하기 전 호흡을 가다듬고 마음을 가라앉히며 느린 흐름으로 시작하는 춤이다. 한국춤 움직임의 원리인 땅의 기운을 받아 하늘로 상승하는 듯한 몸의 기운을 표현하기 위해 가부좌의 자세로 움직임이 구성되어 있는 것이 특징이다. 하늘은 땅을 지향하고 땅은 하늘을 사모하듯 가만히 엎드려 자신의 모습을 바라보고 더 집중하여 마음을 바라본다.

Daseureum is the moment before the dance begins. At that moment, dancers smooth their breath and calm their mind. In the lotus position, dancers draw their energy from the earth which in turn, elevates towards the sky. Dancers reflect on themselves and focus their mind.

1장단

동작				
악보				
호흡	V	Λ	Λ	Λ
플로어 패턴	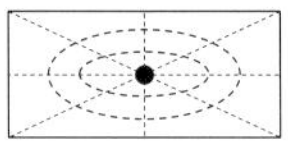			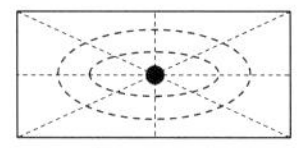
시선				
설명	춤을 시작하기 전 호흡을 가다듬고 마음을 가라앉히며 느린 흐름으로 시작하는 동작이다. 가부좌에서 상체를 곧게 세운 후 호흡을 내쉬며 서서히 뒷중심으로 밀어낸다. * 시선은 뒷정면에서 서서히 사선 위로 이동한다.			

2장단

동작				
악보				
호흡	V	V	V	Λ
플로어 패턴	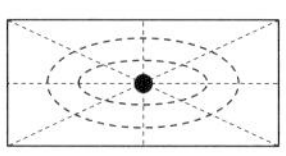			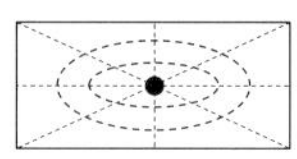
시선		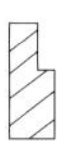	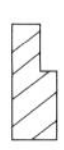	
설명	뒷중심의 가부좌에서 호흡을 들이마시며 상체를 곧게 세운다. * 시선은 앞사선 위에서 서서히 정면으로 이동한다.			

3장단

<table>
<tr><td>동작</td><td></td><td></td><td></td><td></td></tr>
<tr><td>악보</td><td colspan="4">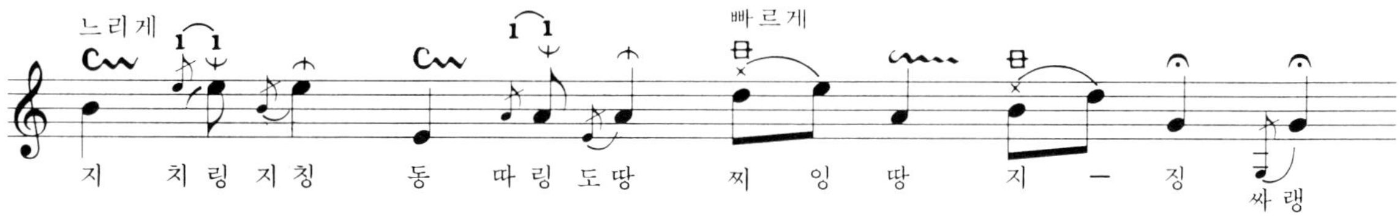
</td></tr>
<tr><td>호흡</td><td>V</td><td>Λ</td><td>Λ</td><td>Λ</td></tr>
<tr><td>플로어 패턴</td><td>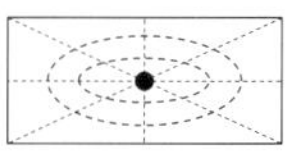</td><td></td><td></td><td>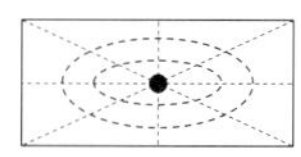</td></tr>
<tr><td>시선</td><td></td><td></td><td></td><td></td></tr>
<tr><td>설명</td><td colspan="4">가부좌에서 상체를 곧게 세운 후 호흡을 내쉬며 서서히 뒷중심으로 밀어낸다.
* 시선은 뒷정면에서 서서히 사선 위로 이동한다.</td></tr>
</table>

4장단

<table>
<tr><td>동작</td><td></td><td></td><td></td><td></td></tr>
<tr><td>악보</td><td colspan="4">
</td></tr>
<tr><td>호흡</td><td>V</td><td>V</td><td>V</td><td>Λ</td></tr>
<tr><td>플로어 패턴</td><td>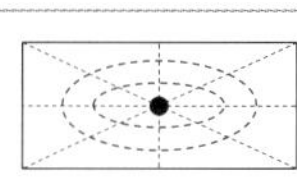</td><td></td><td></td><td>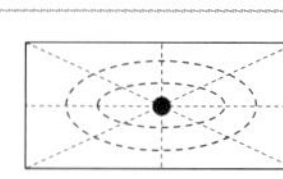</td></tr>
<tr><td>시선</td><td>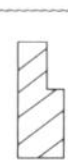</td><td></td><td></td><td>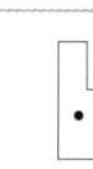</td></tr>
<tr><td>설명</td><td colspan="4">뒷중심의 가부좌에서 호흡을 들이마시며 상체를 곧게 세운다.
* 시선은 앞사선 위에서 서서히 정면으로 이동한다.</td></tr>
</table>

진양조

진양조는 1장단이 6박으로 구성되는 장이다. 춤사위는 「밀고당김사위」, 「끌어붙임걸음」, 「돌려감기사위」, 「들어돌리기」, 「활사위」, 「허리감기사위」 등으로 구성되어 있으며 바닥과 밀착된 낮은 중심의 동작이 특징이다. 단단한 땅의 기운을 느끼며 느린 호흡으로 시작하는 진양춤은 끊이지 않고 연결되는 호흡과 동작이 선율과 완벽한 조화를 이룬다. 한국춤의 신비롭고 우아한 느낌의 '뒷태'가 살아 있는 춤을 담고자 했으며 담백하고 격조 있게 춤의 본질을 추구하고자 했다. 마치 매화가 혹독한 겨울을 이겨내고 피어나듯, 움직이면서 움직이지 않는 정중동의 미의 극치를 보여준다.

Jinyangjo is the section where a phrase consists of 6 beats. The dance is composed of "milgo-danggim sawi (push and pull)", "kkeureo-buchim georeum (dragging step)", "dollyeo-gamgi sawi (turn and wrap)", "deureo-dolligi (lift and turn)", "hwal sawi (bow), and "heori-gamgi sawi (wrap around the waist)". The dance is characteristically low-level; close to the floor. *Jinyang* dance starts with slow breathing feeling the energy of hard land and it makes a perfect harmony with the rhythm of breathing and movement which are connected continuously. This dance attempts to capture "dwittae (back appearance)" with the mysterious and elegant feeling of Korean dancing. It also pursues the essence of dancing in a simple and elegant manner. The dance shows the extreme beauty of the *jeongjungdong* (movement in stillness), as if the plum blossoms overcome the harsh winter and bloom.

1장단

동작						
악보						
호흡	V	Λ	V	Λ	V	Λ
플로어 패턴	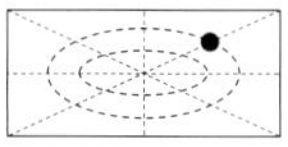				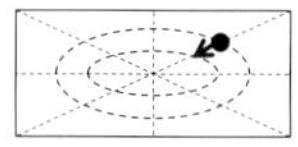	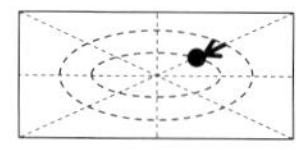
시선						
설명	무대 상수 뒤에서 뒷사선 방향으로 선다. 1박에 오른발을 뒤로 내딛으며, 2박에 오른발로 중심을 이동한다. 3박에 왼발을 뒤로 내딛으며, 4박에 왼발로 중심을 이동한다. 5박에 다시 오른발을 내딛으며, 6박에 뒷「깨끼걸음」한다. * 시선은 상수 뒷사선 위를 본다.					

2장단

동작						
악보						
호흡	V	Λ	V	Λ	V	Λ
플로어 패턴	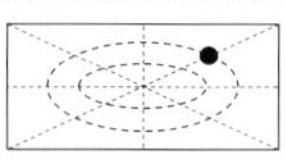				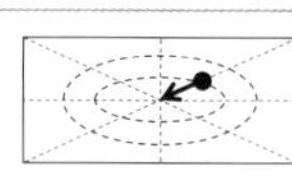	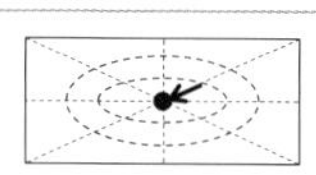
시선						
설명	1장단을 반복하며 무대 중앙에 선다. 1박에 오른발을 뒤로 내딛으며, 2박에 오른발로 중심을 이동한다. 3박에 왼발을 뒤로 내딛으며, 4박에 왼발로 중심을 이동한다. 5박에 다시 오른발을 내딛으며, 6박에 뒷「깨끼걸음」한다. * 시선은 상수 뒷사선 위를 본다.					

3장단

동작						
악보						
호흡	O	V	V	Λ	V	Λ
플로어 패턴	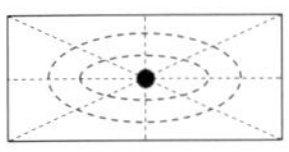					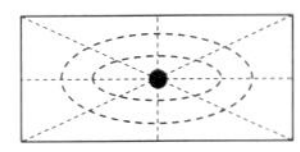
시선						
설명	1박에 왼발 앞「찍기」하며 오른손 앞뒤 치마를 잡는다. 2박에 서서히 호흡을 들이마시고, 3박에 호흡의 정점을 찍으며, 4박에 굴신한다. 5, 6박에 왼발을 찍고 호흡을 밀고 당기며 굴신하는「밀고당김사위」를 한다. * 시선은 상수 사선 아래를 본다.					

4장단

동작						
악보	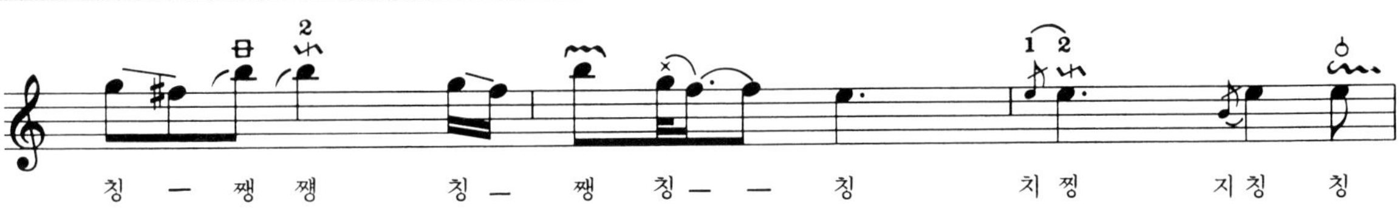					
호흡	V	●	●	●	V	Λ
플로어 패턴	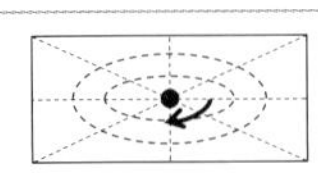			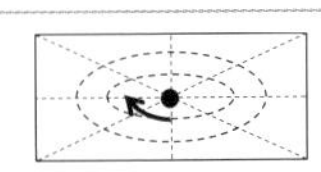		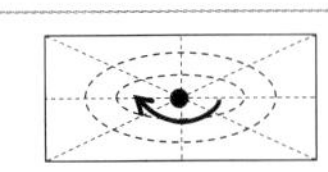
시선						
설명	1박에 왼발 앞「찍기」하고, 2박에 오른팔은 곡선 형태를 그리며 어깨 높이로 들어올린다. 3, 4박에 오른쪽으로 180도 회전한다. 5박에 호흡을 들이마신 후, 6박에 굴신하며 호흡을 내쉰다. * 시선은 정면에서 하수 뒷사선으로 이동한다.					

5장단

동작						
악보						
호흡	O	V	●	∧	V	∧
플로어 패턴	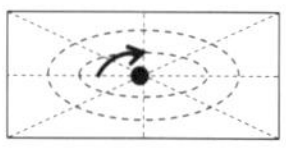		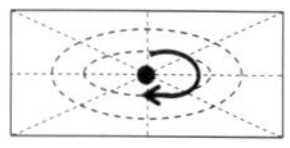		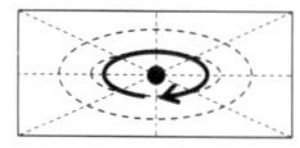	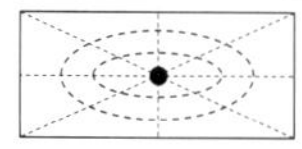
시선			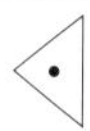	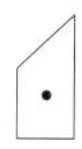	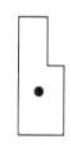	
설명	1박에 왼발 앞「찍기」한다. 2, 3, 4박에 뒷치마를 놓으며 서서히 정면으로 돌아온다. 5박에 정면에서 양팔을 수평으로 펼치며 호흡을 들이마시고 손끝을 살짝 뿌린다. 6박에 양팔을 내리며 굴신한다. * 시선은 하수 뒷사선에서 정면으로 이동한다.					

6장단

동작						
악보						
호흡	O	∧	∧	∧	O	∧
플로어 패턴	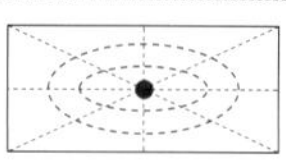			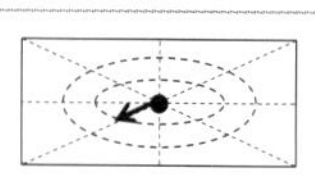		
시선						
설명	1박에 오른발 앞「찍기」하며 호흡을 들이마시고, 왼손은 옆치마를 잡고 오른팔은 손등을 가슴선까지 올린다. 2, 3, 4박에 호흡을 서서히 내쉬며 굴신하고, 오른팔은 하수 사선 아래로 밀어내린다. 5, 6박에 왼발에서 오른발로 중심을 이동하며 굴신한다. * 시선은 상수 뒷사선에서 하수 앞사선으로 이동한다.					

7장단

구분	1박	2박	3박	4박	5박	6박
동작						
악보	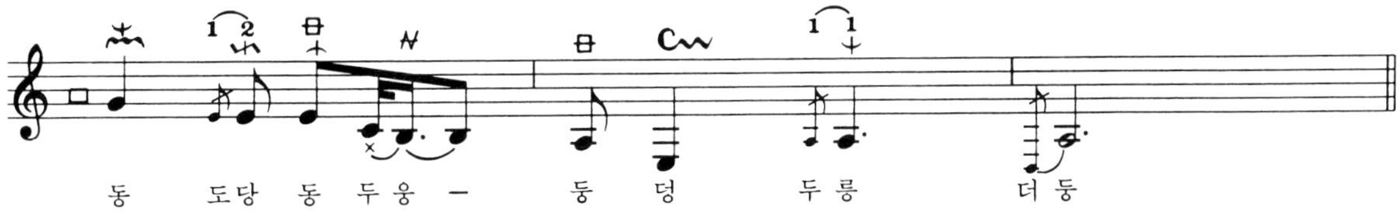					
호흡	O	V	Λ	V	Λ	V
플로어 패턴	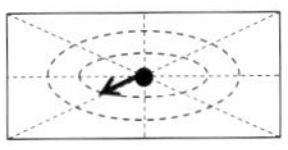			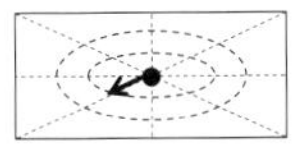		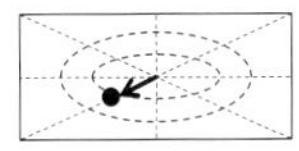
시선						
설명	1박에 왼발 앞「찍기」하고, 2박에 왼발로 중심을 이동한다. 3박에 굴신하고, 4박에 오른팔은 어깨 높이로 들어올리며 오른발 들어 왼발「돋움」한다. 5박에 두 번「끌어붙임걸음」한 후 오른발을 든다. 6박에 연속적으로「끌어붙임걸음」한 후 오른발을 딛으며 왼발을 든다. * 시선은 하수 앞사선을 본다.					

8장단

구분	1박	2박	3박	4박	5박	6박
동작						
악보	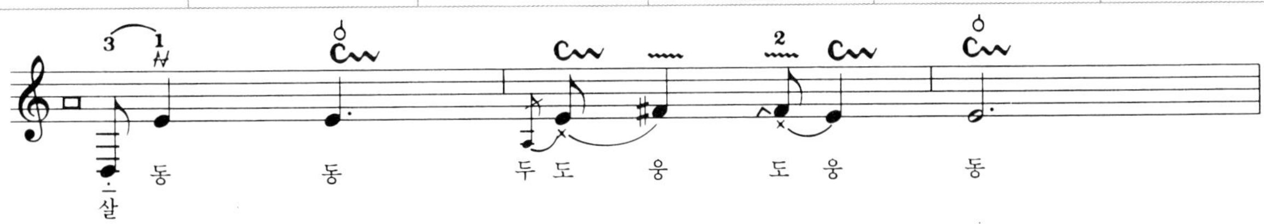					
호흡	Λ	V	V	O	V	Λ
플로어 패턴	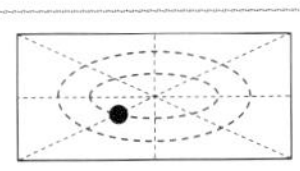			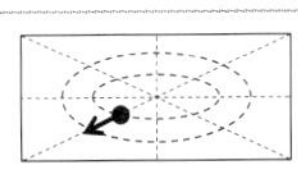		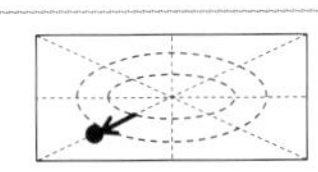
시선						
설명	1박에 왼발을 딛으며 굴신하고 중심을 이동한다. 2, 3박에 양팔을 서서히 사선으로 들어올린다. 4박에 호흡을 멈추며 오른발 들어 왼발「돋움」하고 양손 끝을 뿌린 후 뒤로「끌어붙임걸음」한다. 5, 6박에 오른손 앞뒤 치마를 잡고 왼발을 찍으며 호흡을 밀고 당기며 굴신하는「밀고당김사위」한다. * 시선은 상수 옆에서 정면으로 이동한다.					

9장단

	1	2	3	4	5	6
동작						
악보						
호흡	O	V	V	Λ	O	●
플로어 패턴						
시선	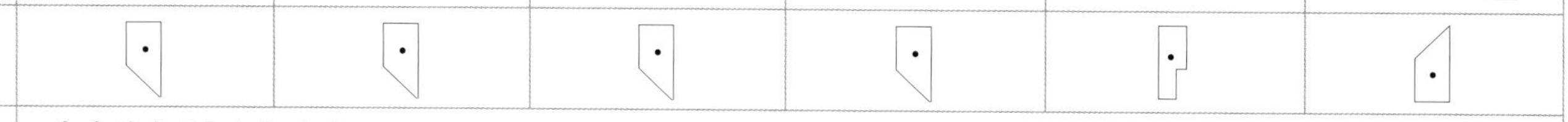					
설명	1박에 왼발 앞「찍기」한다. 2박에 양팔을 서서히 들면서 오른쪽으로 회전한다. 3박에 하수 뒷사선 방향에서 호흡을 들어마시고 4박에 오른손「돌려감기사위」하며 굴신한다. 5, 6박에 왼발 앞「찍기」하고 양팔을 펼치며 정면으로 돌아온다. * 시선은 하수 앞사선에서 정면으로 이동한다.					

10장단

	1	2	3	4	5	6
동작						
악보						
호흡	Λ	V	Λ	V	Λ	V
플로어 패턴	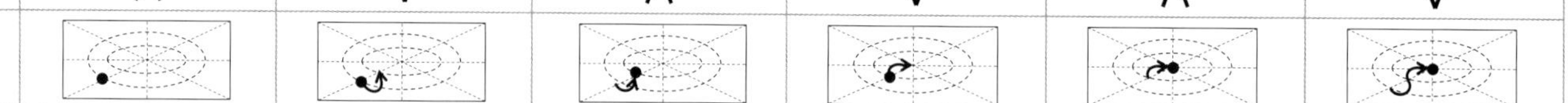					
시선	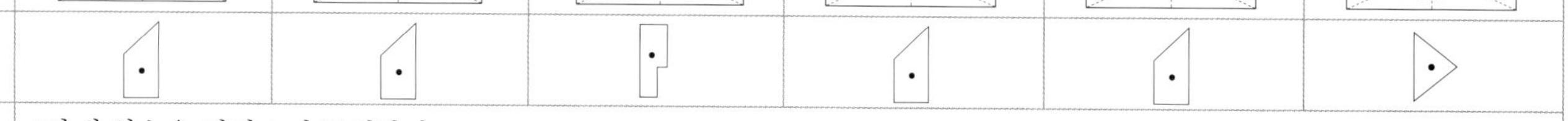					
설명	1박에 왼손을 뒤집으며 굴신한다. 2박에 호흡을 들이마시며 오른발 들어 왼발「돋움」한다. 3박에 왼손「돌려감기사위」하며 왼쪽으로 360도 회전한다. 4박에 호흡은 들이마시며 오른발을 들어 왼발「돋움」한다. 5박에 오른손「돌려감기사위」하며 오른쪽으로 360도 회전한다. 6박에 왼발 짚고 왼손은「돌려감기사위」, 오른손은 머리 위로 원을 그리며 제자리에서 회전한다. * 시선은 하수 앞사선, 상수 앞사선, 하수 앞사선, 상수 앞사선 위로 이동한다.					

11장단

동작						
악보	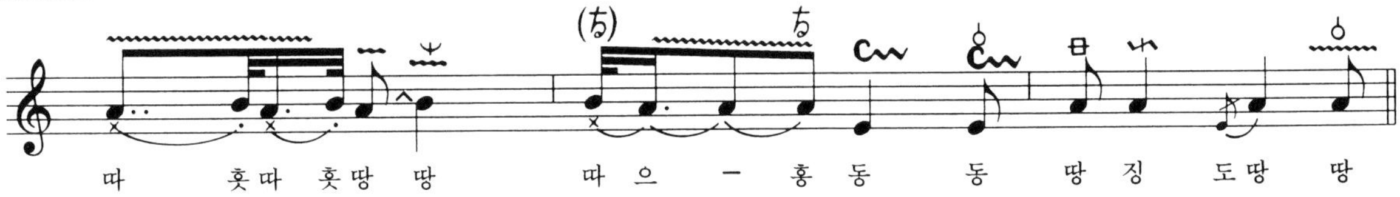					
호흡	O	V	Λ	Λ	V	Λ
플로어 패턴						
시선						
설명	1박에 왼발 중심으로 딛고, 2박에 호흡을 들이마신다. 3, 4박에 오른손은 머리 위에서 내리고 왼손은 허리 뒤로 감는 뒷「몸통감기사위」하며 굴신한다. 5박에 오른발 들어 왼발 「돋움」하며 감은 양팔을 펼친다. 6박에 양팔을 내리며 정면으로 「세발걸음」한다. * 시선은 상수 앞사선 위에서 정면으로 이동한다.					

12장단

동작						
악보						
호흡	O	V	V	Λ	O	V
플로어 패턴						
시선						
설명	1박에 오른발 앞「찍기」하고 양손은 앞치마를 잡는다. 2, 3박에 호흡을 서서히 들이마시고, 4박에 호흡을 내쉬며 굴신한다. 5박에 오른발 앞「찍기」하고, 6박에 호흡을 들이마신다. * 시선은 정면을 본다.					

13장단

동작						
악보						
호흡	V	Λ	O	V	V	Λ
플로어 패턴	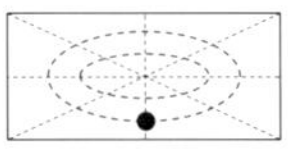			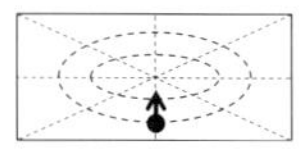	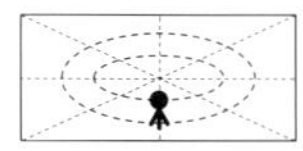	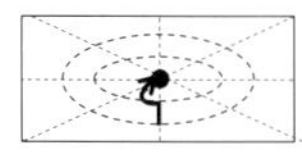
시선				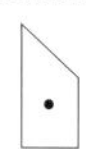	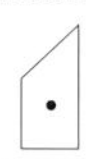	
설명	1박에 호흡을 들이마시며 양손은 치마를 놓는다. 2박에 양팔을 아래로 내리며 굴신한 후, 3박에 양손은 앞치마를 잡으며 오른발 앞「찍기」한다. 4박에 오른발「들어돌리기」하여 뒤로 딛고, 5박에 왼발「들어돌리기」하여 뒤로 딛는다. 6박에 뒷「깨끼걸음」한다. * 시선은 상수 앞사선에서 하수 앞사선, 하수 뒷사선으로 이동한다.					

14장단

동작						
악보						
호흡	O	Λ	Λ	Λ	V	Λ
플로어 패턴	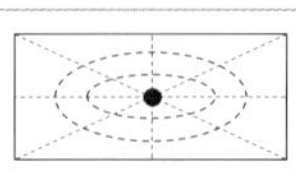	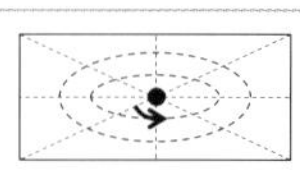		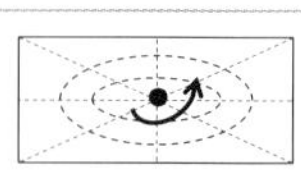	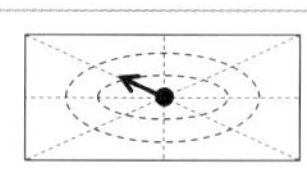	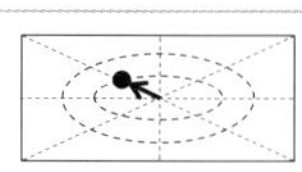
시선					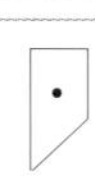	
설명	1박에 왼발「감아디딤」하며 오른손은 뒷치마를 잡고 왼손「돌려감기사위」한다. 2박에 왼쪽으로 제자리「나선돌기」를 시작하고, 3, 4박에 연속적으로「나선돌기」하며 서서히 내려간다. 5박에 호흡을 들어올리며 왼발을 들어 딛고 굴신한다. 6박에 하수 뒷사선을 향해「활사위」하며「깨끼걸음」한다. * 시선은 상수 앞사선에서 하수 뒷사선 위로 이동한다.					

15장단

<table>
<tr><td>동작</td><td colspan="6"></td></tr>
<tr><td>악보</td><td colspan="6"></td></tr>
<tr><td>호흡</td><td>O</td><td>V</td><td>V</td><td>Λ</td><td>Λ</td><td>V</td></tr>
<tr><td>플로어 패턴</td><td colspan="6">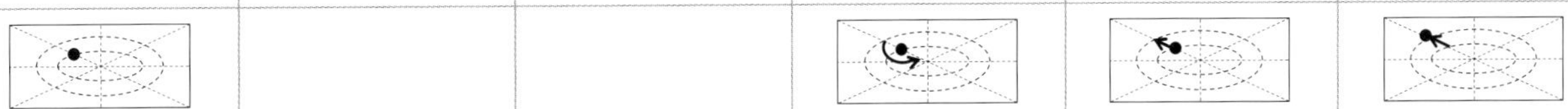</td></tr>
<tr><td>시선</td><td colspan="6">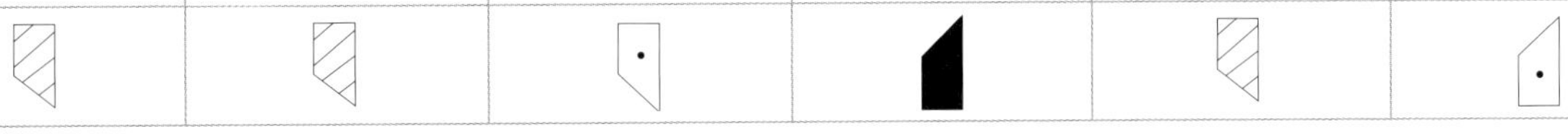</td></tr>
<tr><td>설명</td><td colspan="6">1박에 왼발 앞「찍기」한다.
2, 3박에 오른손은 뒤로 밀어올리고 왼손「돌려감기사위」하며 양발「돋움」한다.
4박에 호흡을 내쉬고 굴신하며 왼쪽으로 회전한다.
5박에 오른손 앞「몸통감기사위」하며 왼발「들어돌리기」하여 뒤로 딛은 후 오른발「들어돌리기」하여 뒷「잔걸음」한다.
6박에 왼손「허리감기사위」하며 양발「돋움」한 후 왼팔을 밀어올리며「잔걸음」한다.
* 시선은 하수 뒷사선에서 하수 앞사선, 상수 뒷사선, 하수 뒷사선으로 이동한다.</td></tr>
</table>

16장단

<table>
<tr><td>동작</td><td colspan="6"></td></tr>
<tr><td>악보</td><td colspan="6"></td></tr>
<tr><td>호흡</td><td>O</td><td>Λ</td><td>V</td><td>V</td><td>Λ</td><td>V</td></tr>
<tr><td>플로어 패턴</td><td colspan="6"></td></tr>
<tr><td>시선</td><td colspan="6">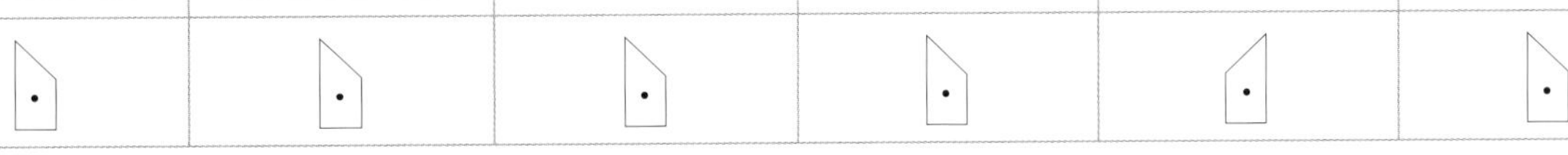</td></tr>
<tr><td>설명</td><td colspan="6">1박에 왼손「돌려감기사위」하며 양발「돋움」한 후, 2박에 호흡을 내쉬며 굴신한다.
3, 4박에 오른팔은 크게 돌려 올리며 오른발「들어돌리기」한 후 하수 뒷사선으로 딛어 중심을 이동한다.
5, 6박에 오른팔은 사선 위, 왼팔은 아래로 반원을 그린 후 손등으로 오른쪽 귀 옆으로 들어올린다.
* 시선은 상수 앞사선을 본다.</td></tr>
</table>

17장단

동작						
악보						
호흡	O	∧	∧	∧	∧	∨
플로어 패턴	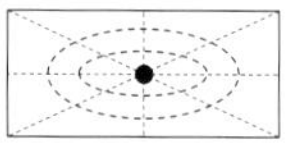					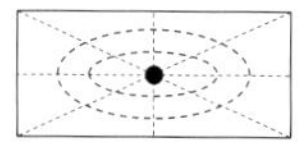
시선						
설명	1박에 오른발 중심으로 호흡을 들이마신다. 2, 3, 4박에 양손은 오른뺨을 스쳐 아래로 모아 내린다. 5박에 상수 앞사선으로 서서히 엎드려 앉는다. 6박에 상체를 세워 뒤로 젖히며 왼팔 위「엇사위」한다. * 시선은 상수 앞사선 아래에서 위로 이동한다.					

18장단

동작						
악보						
호흡	O	∨	∨	∨	∧	∧
플로어 패턴	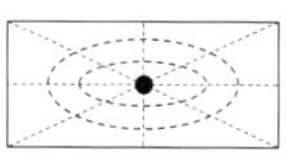					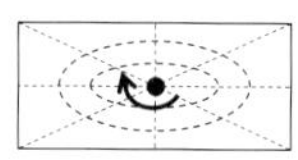
시선						
설명	1, 2, 3, 4박에 왼손을 따라 호흡을 들이마시며 반 무릎으로 올라온다. 5박에 상수 뒷사선으로 내려앉으며 오른손「허리감기」한다. 6박에 오른쪽으로 180도 회전하여 무릎을 세워 앉으며 왼손「허리감기」한다. * 시선은 상수 앞사선 위에서 상수 뒷사선 아래로 이동한다.					

19장단

동작						
악보	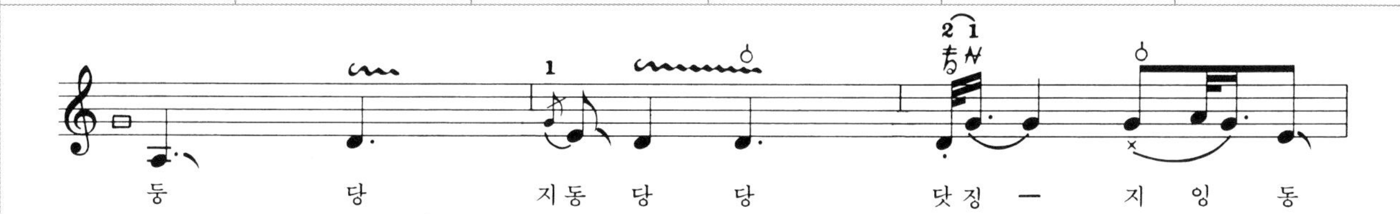					
호흡	O	∧	∧	∧	∨	∧
플로어 패턴						
시선						
설명	1박에 상수 뒷사선으로 왼손 앞뒤 치마를 잡고 호흡을 들이마신다. 2, 3, 4박에 왼쪽으로「나선돌기」한다. 오른팔은 동작을 따라 머리 위까지 올린다. 5박에「나선돌기」하며 일어난다. 6박에 오른손을 머리 위에서 돌리고 상수 뒷사선에서 호흡을 내쉬며 굴신한다. * 시선은 상수 뒷사선 위에서 상수 뒷사선 아래, 상수 뒷사선 위로 이동한다.					

20장단

동작						
악보	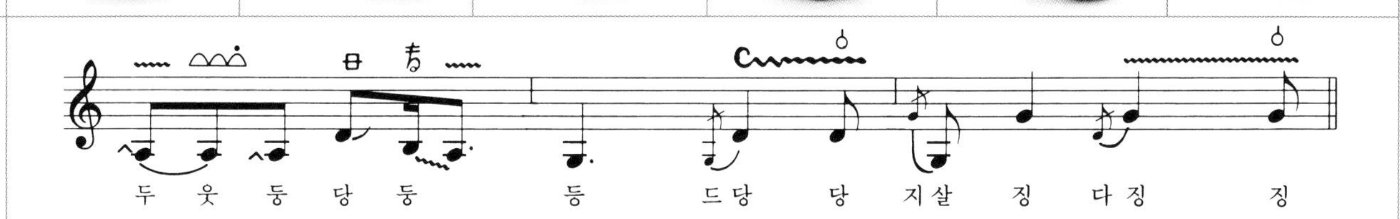					
호흡	∨	∧	∨	∧	∧	∧
플로어 패턴						
시선						
설명	1, 2박에 왼손 뒷「몸통감기사위」하며 왼쪽으로 180도 회전하는「연풍대」를 시작한다. 3, 4박에 왼손 앞「돌려감기사위」하며 뒷「돈움깨끼」한다. 5박에 왼발「들어돌리기」하여 딛고 왼손 뒷「몸통감기사위」한다. 6박에 왼손「돌려감기사위」하며 제자리 회전한다. * 시선은 하수 뒷사선 위에서 돌아 뒷정면, 앞정면으로 이동한다.					

중모리

중모리는 1장단이 12박으로 구성되는 장이다. 춤사위는 「그네디딤」, 「끌어들기」, 「깨끼걸음」, 「들어돌리기」, 「감아디딤」 등으로 구성되어 있으며 다양한 형태의 발디딤으로 가야금 선율에 맞는 독특한 발사위를 선보이는 것이 특징이다. 고요한 듯 끊임없이 흘러가는 춤사위는 가야금 현 사이를 넘나들며 멋과 흥을 고조시킨다. 특히 엇붙임 가락으로 진행되는 가야금 선율에 맞추어 춤 또한 멋스럽게 넘나들며 활발한 춤사위를 보여준다. 기품 있는 춤의 고저에서 조용하지만 그 안에서 편안함과 사색적 탐미가 느껴지는 춤사위로 구성된다. 특히 이 장은 뜨거운 여름날 선선한 대나무숲을 거니는 듯한 여유로움의 미학을 보여준다.

Jungmori is the section where a phrase consists of 12 beats. The dance is composed of "gene didim (swing and step)", "kkeureo-deulgi (pulling)", "kkaekki georeum (tiptoeing)", "deureo-dolligi (lift and turn)", and "gama didim (wrap and step)". The characteristic of this section is the unique foot steps in accordance with the *gayageum* melody. The serenely flowing movements raises flavour and excitement. Especially, eotbuchim *garak* (syncopation) of the *gayageum* accompanies the dance in a fashionable and animated manner. It is composed of dancing with a quiet, delightful and contemplating feeling. In particular, this section shows effortless movements as if strolling through a cool bamboo forest in a hot summer's day.

1장단

동작				
악보				
호흡	V	Λ	V	V
플로어 패턴	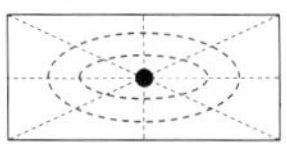	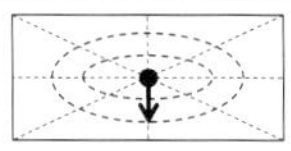		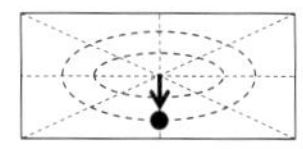
시선				
설명	1, 2박에 정면을 향해 오른발 「중전걸음」한다. 3박에 왼발 「세전걸음」하고, 4박에 「돋움깨끼」하며 굴신한다. * 시선은 정면을 본다.			

2장단

동작				
악보				
호흡	V	Λ	O	Λ
플로어 패턴	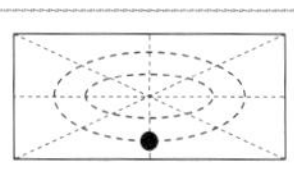			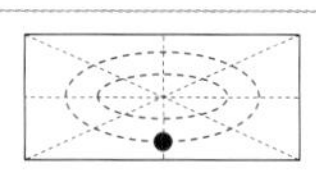
시선				
설명	1박에 오른발 앞「찍기」하며 왼손은 옆치마를 잡고, 오른쪽 손등으로 가슴선까지 올린 후 돌려 내리며 굴신한다. 2박에 오른발 오른손을 들어올린 후 오른손 「돌려감기사위」하며 굴신한다. 3박에 오른발 앞「찍기」한 후 호흡을 들이마시며 오른발 들어 왼발 「돋움」한다. 4박에 오른발 「그네디딤」하며 오른손을 뒤집어 머리 뒤로 올려 감는다. * 시선은 상수 앞사선 위에서 정면을 지나 상수 옆 아래로 이동한다.			

3장단

동작				
악보				
호흡	V	∧	O	∧
플로어 패턴	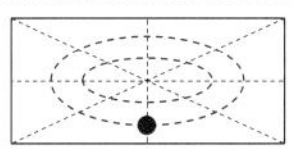	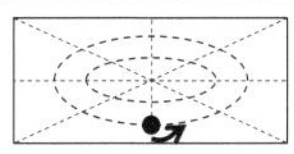		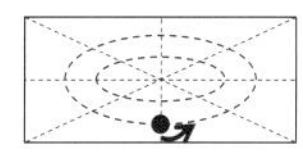
시선		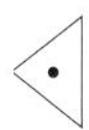		
설명	1,2박에 오른발 앞「찍기」하고 오른팔을 귀 옆으로 밀어내리며 왼쪽으로 90도 회전한 후 굴신한다. 3박에 왼손 앞뒤 치마를 잡고 오른발로 앞, 옆「찍기」한 후「끌어들기」한다. 4박에 오른발「그네디딤」한다. * 시선은 상수 앞사선에서 상수 뒷사선 아래로 이동한다.			

4장단

동작				
악보				
호흡	O	●	O	∧
플로어 패턴	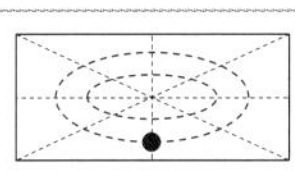	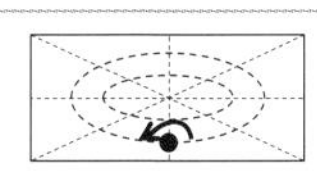		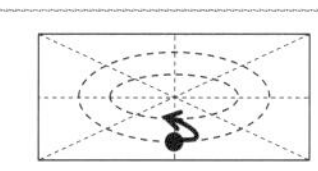
시선	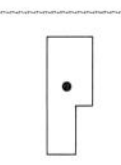			
설명	1, 2박에 왼손 앞뒤 치마를 잡고 오른발 앞「찍기」하며 왼쪽으로 180도 회전한다. 3박에 오른손 앞뒤 치마를 잡고 왼발 앞, 옆「찍기」한 후「끌어들기」한다. 4박에 왼발「끌어붙임걸음」하고 작은 반원을 그리며 뒷「돋움깨끼」한 후 왼손은 허리 뒤로 감으며 굴신한다. * 시선은 뒷정면 아래에서 하수 뒷사선 아래로 이동한다.			

5장단

동작				
악보				
호흡	V	Λ	V	Λ
플로어 패턴	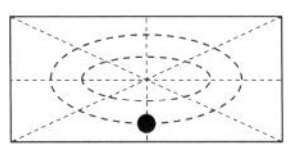		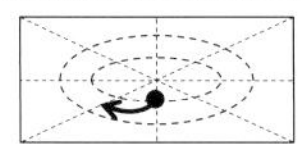	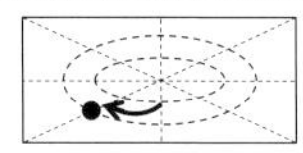
시선	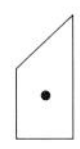		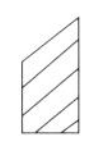	
설명	1박에 오른발 「디딤」하며 호흡을 들이마신다. 2박에 왼발 「디딤」으로 굴신하며 왼손은 허리 앞으로 감은 후 뒷「돋움깨끼」하며 모아 굴신한다. 왼팔은 머리 뒤로 올려 감는다. 3박에 오른발 「디딤」하며 왼팔을 사선 위로 밀어올리며 굴신한다. 4박에 왼발 「돋움깨끼」하며 굴신하고 왼손은 허리 앞으로 감는다. * 시선은 하수 앞사선에서 상수 뒷사선 아래로 이동한다.			

6장단

동작				
악보				
호흡	Λ	V	V	Λ
플로어 패턴	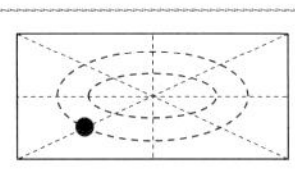	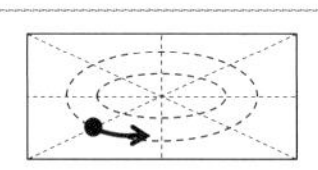	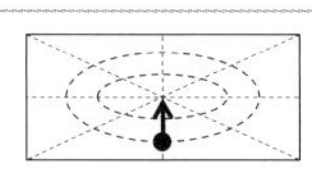	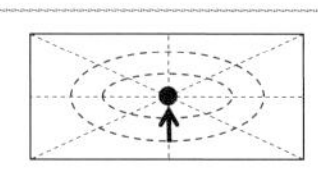
시선	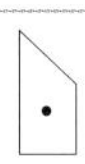			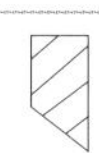
설명	1박에 오른발 들어 감아 돌며 앉는다. 오른손은 허리 앞으로 감는다. 2박에 왼발 들어 오른발 「돋움」하며 양손을 가슴 앞에서 모아 교차한 후 반원으로 「잔걸음」하며 양옆으로 펼친다. 3박에 호흡을 들이마시고 뒷「깨끼걸음」하며 머리 위에서 왼손 「돌려감기사위」하며 내린 후 오른손 「허리감기사위」한다. 4박에 S자로 뒷「깨끼걸음」하며 왼손 「허리감기사위」, 오른손 「허리감기사위」한다. * 시선은 상수 앞사선 하수 뒷사선 아래로 이동한다.			

7장단

구분	1	2	3	4
동작				
악보				
호흡	O	Λ	V	Λ
플로어 패턴	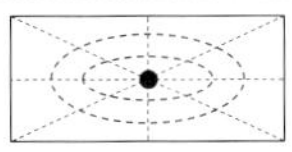		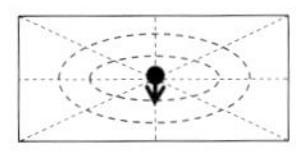	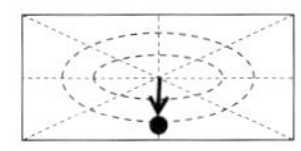
시선	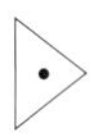			
설명	1,2박에 오른발 「중전걸음」하며 양팔을 위로 들어 오른쪽으로 돌려 민다. 3박에 왼발 「세전걸음」하며 왼쪽으로 돌려 민다. 4박에 오른발, 왼발 「디딤」한 후 오른발 「돋움깨끼」한다. 팔은 오른쪽으로 돌려 민 후 양손은 모아 원을 그리며 내린다. * 시선은 상수 옆에서 하수 앞사선을 지나 정면으로 이동한다.			

8장단

구분	1	2	3	4
동작				
악보				
호흡	Λ	V	Λ	Λ
플로어 패턴	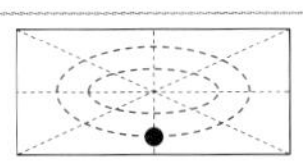	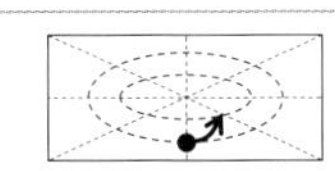	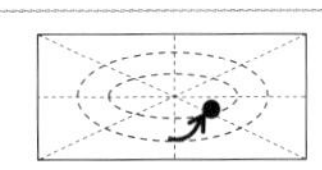	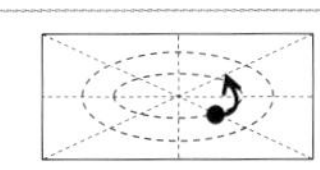
시선				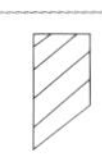
설명	1박에 오른발 들어 감아 굴신하며 오른손은 허리 앞으로 감는다. 2박에 왼발 들어 오른발 「돋움」하여 「잔걸음」하며 왼손은 어깨 높이로 들어올린다. 3박에 오른발 들어 감아 굴신하며 오른손은 허리 앞으로 감은 후 왼발과 왼팔을 들어올린다. 4박에 상수 뒤로 「잔걸음」한다. * 시선은 정면에서 하수 앞사선, 상수 뒷사선으로 이동한다.			

9장단

구분	1박	2박	3박	4박
동작				
악보				
호흡	V	O	V	V
플로어 패턴	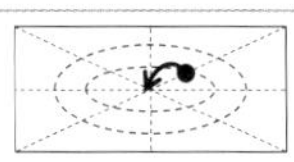	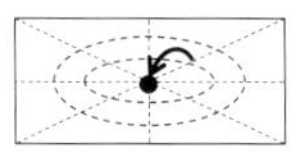	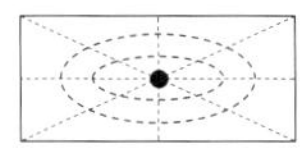	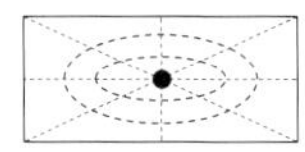
시선				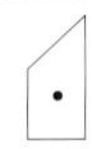
설명	1박에 상수에서 하수로 반원을 그리며 「잔걸음」한 후 작게 뛰어 내려앉는다. 양팔은 상수 뒷사선 위에서 아래로 모아 내리며 크게 돌려 「나비사위」한다. 2박에 「나비사위」하며 호흡을 멈춘다. 3, 4박에 오른발을 뒤로 끌어모으며 정점까지 양발 「돋움」한다. * 시선은 상수 뒷사선 위에서 하수 앞사선으로 이동한다.			

10장단

구분	1박	2박	3박	4박
동작				
악보				
호흡	∧	●	∧	∧
플로어 패턴	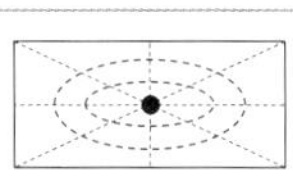	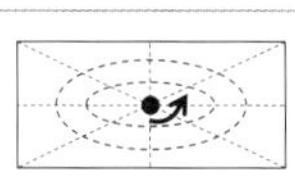	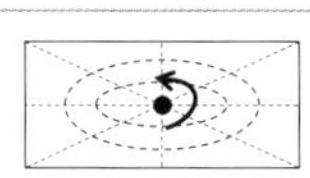	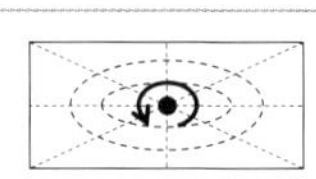
시선		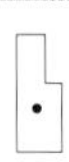		
설명	1박에 호흡을 떨어뜨리며 굴신한다. 2, 3박에 왼쪽으로 「나선돌기」하며 내려앉는다. 4박에 오른손 「허리감기사위」한 후 오른쪽으로 360도 회전하며 일어난다. * 시선은 하수 앞사선에서 정면 아래로 이동한다.			

11장단

동작				
악보				
호흡	O	V	Λ	V
플로어 패턴	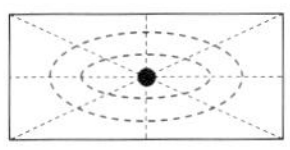			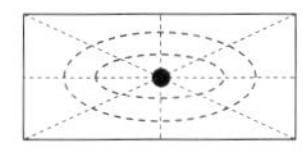
시선				
설명	1박에 하수 앞사선으로 오른쪽 손바닥을 내려 밀며 오른발을 두 번 「끌어붙임걸음」한다. 2박에 양발 「돋움」하며 팔을 서서히 수평으로 들어올린다. 3박에 오른팔 「돌려감기사위」하며 굴신한다. 4박에 왼팔, 왼발을 들어올리며 곡선으로 오른팔 아래 「엇사위」한다. * 시선은 하수 앞사선을 본다.			

12장단

동작				
악보				
호흡	●	●	O	●
플로어 패턴	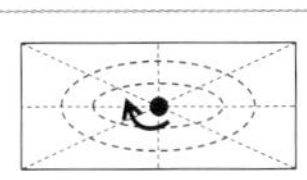		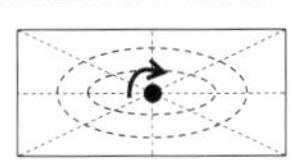	
시선	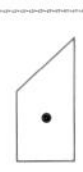			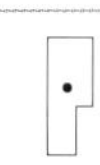
설명	1박에 하수 앞사선으로 왼발 「그네디딤」한다. 2박에 오른쪽으로 45도 회전하여 오른발 「그네디딤」한다. 3, 4박에 왼발 앞「찍기」하고 호흡을 들이마시며 오른쪽으로 돌아가기 시작한다. * 시선은 하수 앞사선, 하수 옆, 뒷정면으로 이동한다.			

13장단

동작				
악보				
호흡	V	●	●	Λ
플로어 패턴	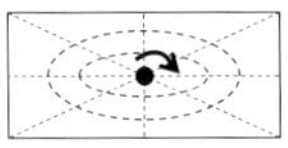		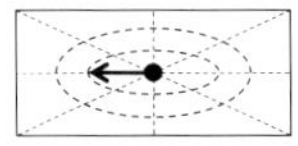	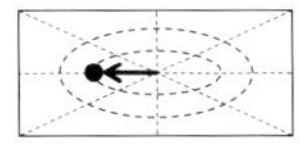
시선				
설명	1,2박에 오른쪽으로 360도 회전하며 양팔을 펼쳐 내린다. 3박에 오른쪽으로 왼손, 오른손「허리감기사위」하며 회전한 후, 오른발을「들어돌리기」하여 하수 뒷사선으로 굴신한다. 팔은 왼손 아래「엇사위」로 들어올린다. 4박에 왼발 중심으로「어름사위」한 후 오른발 중심으로 양발 모아 굴신하며 왼손「허리감기사위」한다. * 시선은 상수 뒷사선에서 동작을 따라 이동한 후 상수 앞사선을 본다.			

14장단

동작				
악보				
호흡	V	V	●	Λ
플로어 패턴	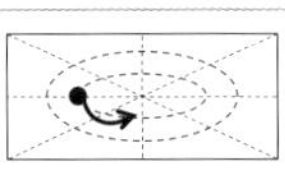	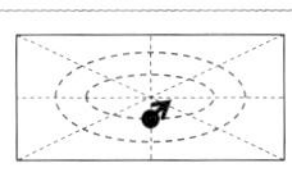	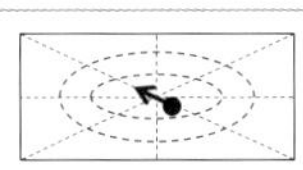	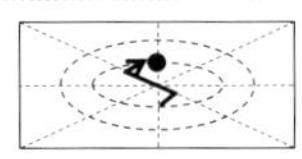
시선	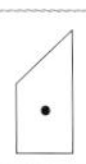	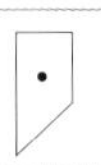	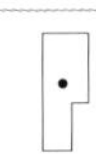	
설명	1박에 왼팔을 들어 왼발「들어돌리기」하며 180도 회전한 후 하수 뒷사선으로「잔걸음」한다. 2박에 오른발「들어돌리기」하며 상수 뒷사선으로「잔걸음」한다. 3박에 왼발, 오른발「겹디딤」한다. 4박에 왼발 딛어 오른발「감아디딤」하며 회전한 후 오른손「허리감기사위」한다. * 시선은 하수 앞사선에서 하수 뒷사선, 상수 뒷사선, 정면으로 이동한다.			

15장단

<table>
<tr><td>동작</td><td></td><td></td><td></td><td></td></tr>
<tr><td>악보</td><td colspan="4">
</td></tr>
<tr><td>호흡</td><td>∧</td><td>V</td><td>O</td><td>●</td></tr>
<tr><td>플로어 패턴</td><td>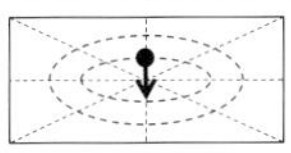</td><td></td><td></td><td>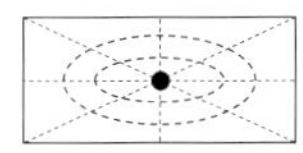</td></tr>
<tr><td>시선</td><td></td><td>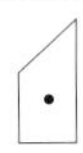</td><td></td><td></td></tr>
<tr><td>설명</td><td colspan="4">1박에 오른발 딛고 왼발 앞「돋움」한다. 왼손은 머리를 감아 양팔을 수평으로 편다.
2박에 호흡을 들이마시며 오른손「돌려감기사위」하고 왼발 중심으로 이동하여 굴신한다.
3박에 오른팔 아래「엇사위」로 호흡을 들이마시며 정지한다.
4박에 오른발 앞「찍기」한 후 뒷「돋움깨끼」하며 오른손 앞뒤 치마잡기 한다.
* 시선은 상수 뒷사선에서 하수 앞사선 아래로 이동한다.</td></tr>
</table>

16장단

<table>
<tr><td>동작</td><td></td><td></td><td></td><td></td></tr>
<tr><td>악보</td><td colspan="4">
</td></tr>
<tr><td>호흡</td><td>O</td><td>≷</td><td>≷</td><td>≷</td></tr>
<tr><td>플로어 패턴</td><td>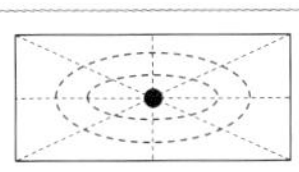</td><td></td><td></td><td>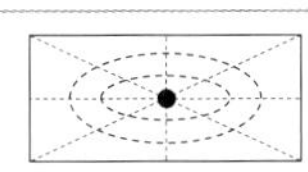</td></tr>
<tr><td>시선</td><td>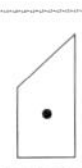</td><td></td><td>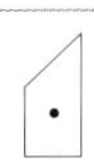</td><td></td></tr>
<tr><td>설명</td><td colspan="4">1박에 앞으로「어름사위」하며 굴신한다.
2박에 뒤로「어름사위」하며 굴신한다.
3, 4박에 잦은「어름사위」하며 굴신한다.
* 시선은 하수 앞사선을 본다.</td></tr>
</table>

17장단

동작				
악보				
호흡	V	Λ	V	Λ
플로어 패턴	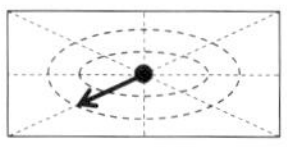			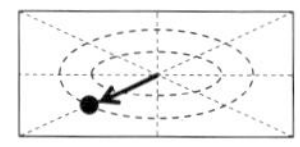
시선				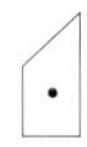
설명	1박에 하수 앞사선으로 오른발 「끌어붙임걸음」한다. 2박에 하수 앞사선으로 오른발 「끌어붙임걸음」한다. 3박에 두 번 「끌어붙임걸음」한 후 오른발 들어 왼발 「돋움」한다. 4박에 연속으로 「끌어붙임걸음」한다. * 시선은 하수 앞사선을 본다.			

18장단

동작				
악보				
호흡	V	V	V	O
플로어 패턴	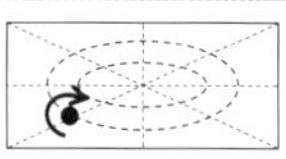		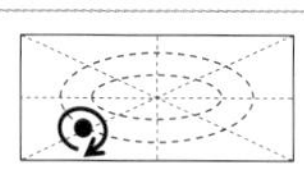	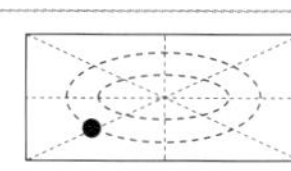
시선			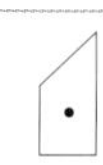	
설명	1박에 45도 「깨끼걸음」으로 회전한 후 왼발을 밀어내며 굴신한다. 2박에 오른쪽으로 90도 「깨끼걸음」으로 회전한 후 오른발을 밀어내며 굴신한다. 3박에 오른쪽으로 180도 「깨끼걸음」으로 회전하며 양손은 치마를 놓는다. 4박에 하수 뒷사선으로 「끌어붙임걸음」하며 왼손 앞뒤 치마잡기 한다. * 시선은 정면 아래, 뒷정면, 하수 앞사선, 상수 앞사선으로 이동한다.			

19장단

동작				
악보				
호흡	V	∧	V	●
플로어 패턴	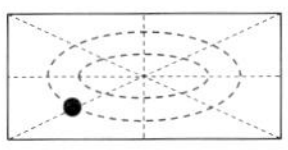	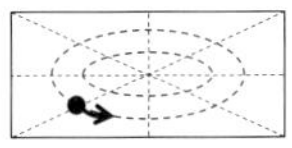		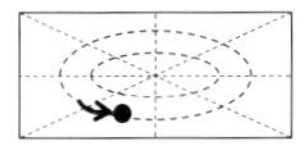
시선				
설명	1박에 왼발을 들어 굴신하며 상체를 뒤로 민다. 2박에 왼발을 딛으며 상체를 앞으로 당기며 굴신한다. 3박에 상체를 뒤로 밀고 당기며 오른발 들어 왼발 「돋움」한다. 4박에 왼쪽으로 원을 그리며 「잔걸음」한 후 오른손 「허리감기사위」한다. * 시선은 상수 앞사선 위에서 동작을 따라 아래·위로 이동한 후 하수 앞사선을 본다.			

20장단

동작				
악보				
호흡	V	V	V	●
플로어 패턴	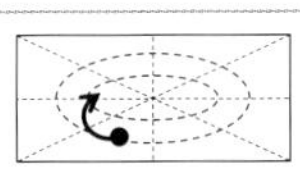	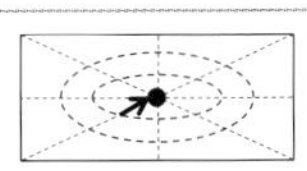	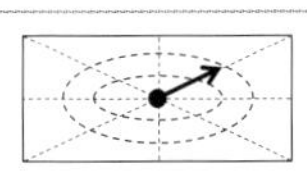	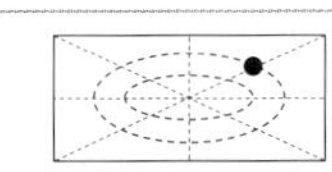
시선	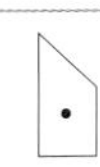	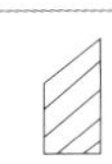		
설명	1박에 상수 뒷사선으로 반원을 그리며 「잔걸음」한다. 2박에 「돋움깨끼」하며 상수 뒷사선으로 이동한다. 3박에 상수 뒷사선으로 반원을 그리며 「잔걸음」한다. 4박에 제자리에서 「감아디딤」하며 오른쪽으로 360도 회전한 후 양팔을 내린다. * 시선은 정면에서 하수 앞사선 위, 하수 뒷사선, 하수 앞사선으로 이동한다.			

중중모리

중중모리는 1장단이 12박으로 구성되는 장이다. 춤사위는 「장전걸음」, 「중전걸음」, 「세전걸음」, 「돋움깨기」, 「몸통감기사위」, 「나비사위」, 「나선돌기」, 「회오리사위」 등으로 구성되어 있으며 입체적인 곡선의 움직임과 나선 형태의 공간 이동이 특징이다. 중모리보다 조금 더 빠른 템포로 진행되며 단순한 듯하지만 복잡하고 동적인 듯하지만 정적으로 대비되는 선율에 맞추어 다양한 춤사위를 선보이는 장이다. 한국춤의 아름다운 선, 단아한 자태, 미니멀한 움직임 등을 총체적으로 보여준다.

Jungjungmori is the section where a phrase consists of 12 beats. It is faster than *Jungmori*. The dancing consists of "jangjeon georeum (slow step)", "jungjeon georeum (middle step)", "sejeon georeum (tremor step)", "dodum-kkaekki (tiptoeing)", "momtong-gamgi sawi (wrap around the torso)", "nabi sawi (butterfly)", "naseon-dolgi (spiral)", and "hoeori sawi (whirlwind)". The dancing shows the three-dimensional curve shape and locomotion of the spiral shape. It showcases a variety of dance moves that seem to be simple, but at the same time complex. It seems dynamic, but at the same time static. The dance shows the beautiful line, simple appearance and minimal movement of Korean dance.

1장단

동작				
악보				
호흡	V	V	Λ	Λ
플로어 패턴	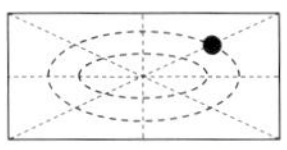			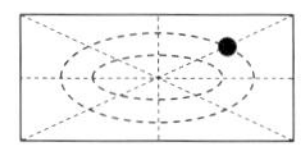
시선	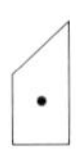	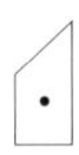	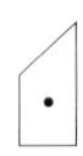	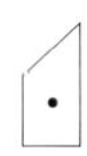
설명	1, 2, 3, 4박에 하수 앞사선으로 오른발 「장전걸음」한다. * 시선은 하수 앞사선을 본다.			

2장단

동작				
악보	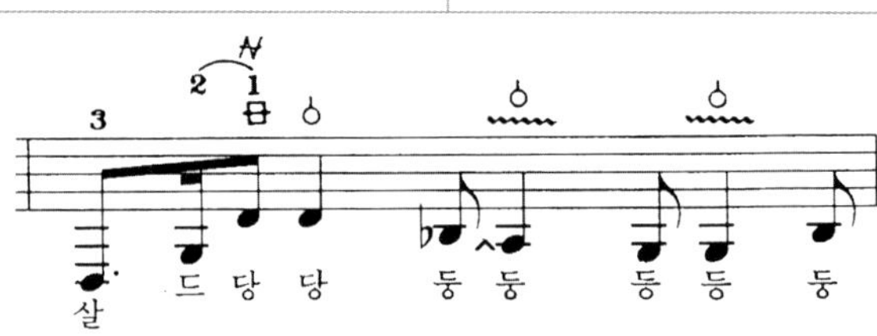			
호흡	V	Λ	V	Λ
플로어 패턴	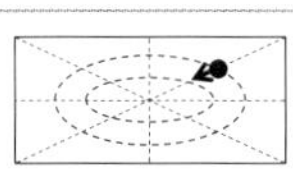			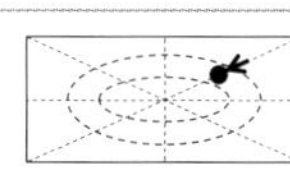
시선			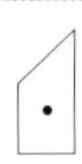	
설명	1, 2, 3, 4박에 하수 앞사선으로 왼발, 오른발 「장전걸음」한다. * 시선은 하수 앞사선을 본다.			

3장단

동작				
악보				
호흡	●	●	V	Λ
플로어 패턴	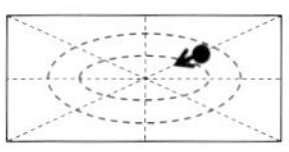			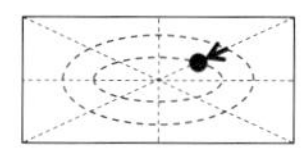
시선			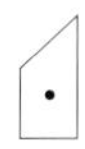	
설명	1, 2박에 왼발, 오른발 「세전걸음」하며 양팔은 앞뒤 「손등밀기」한다. 3, 4박에 왼발 「돋움깨끼」한다. * 시선은 하수 뒷사선, 상수 앞사선, 하수 앞사선으로 이동한다.			

4장단

동작				
악보				
호흡	●	●	V	Λ
플로어 패턴	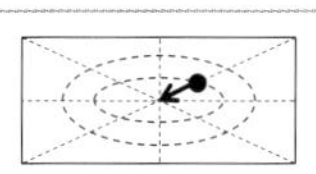		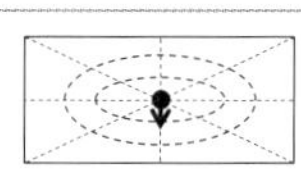	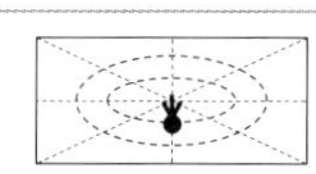
시선			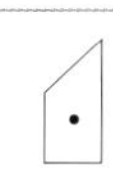	
설명	1, 2박에 오른발, 왼발 「세전걸음」하며 양팔은 앞뒤 「손등밀기」한다. 3, 4박에 오른발 「돋움깨끼」한 후 정면에서 굴신한다. * 시선은 상수 앞사선, 하수 뒷사선에서 정면으로 이동한다.			

5장단

동작				
악보				
호흡	○	●	●	●
플로어 패턴	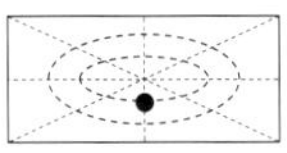			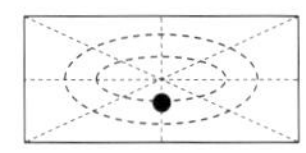
시선				
설명	1박에 오른발 앞「찍기」하며 호흡을 들이마시고, 오른팔을 왼팔 위로 교차한다. 2, 3, 4박에 호흡을 내쉬며 양팔을 내린다. * 시선은 상수 앞사선 아래를 본다.			

6장단

동작				
악보	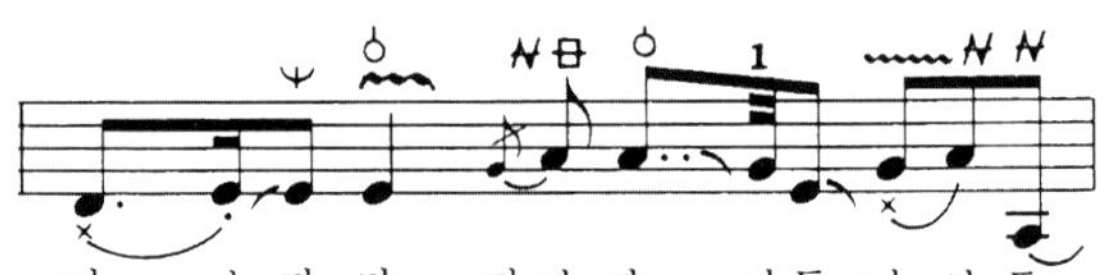			
호흡	∧	∧	∧	∧
플로어 패턴	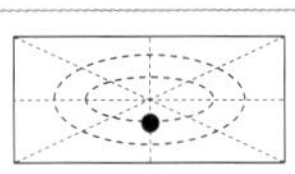			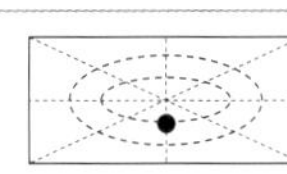
시선				
설명	1, 2, 3, 4박에 연속으로 호흡을 내쉬며 양팔을 내리며 굴신한다. * 시선은 상수 앞사선 아래에서 정면 아래로 이동한다.			

7장단

동작				
악보				
호흡	O	V	V	Λ
플로어 패턴	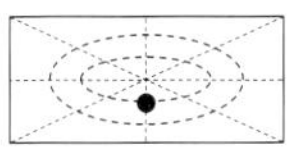			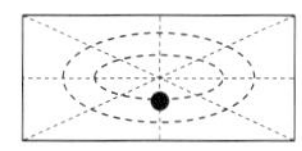
시선				
설명	1박에 오른발 앞「찍기」하며 양손 앞치마를 잡는다. 2, 3박에 오른발은 뒤꿈치부터 순차적으로「디딤」하여 들어올리고 양팔은 치마를 놓으며 수평으로 올린다. 4박에 오른손을 뒤집으며 오른발 딛어 굴신한다. * 시선은 정면에서 상수 앞사선을 지나 하수 앞사선으로 이동한다.			

8장단

동작				
악보	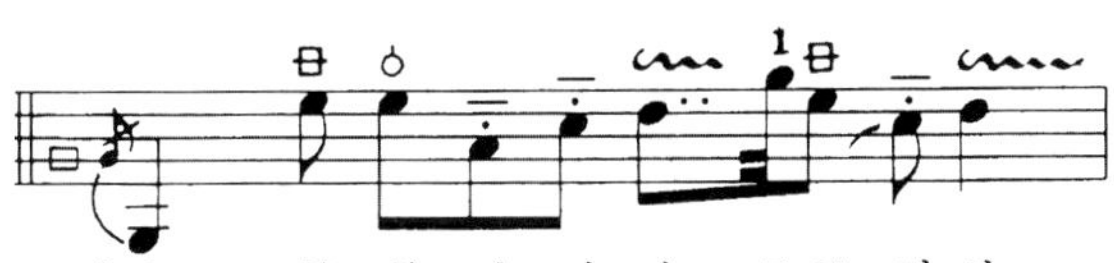			
호흡	O	●	V	Λ
플로어 패턴	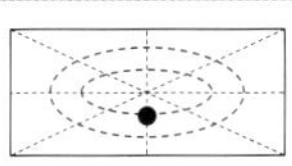			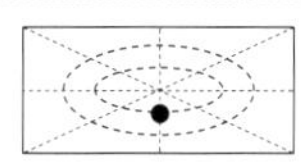
시선				
설명	1박에 왼발을 하수 앞사선으로 들어올리며 왼손은 옆치마를 잡고 오른팔은 수평으로 편다. 2, 3박에 호흡을 들이마시며 오른손「돌려감기사위」한다. 4박에 굴신한다. * 시선은 하수 앞사선에서 하수 옆으로 이동한다.			

9장단

동작				
악보				
호흡	O	Λ	V	Λ
플로어 패턴	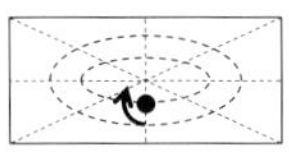			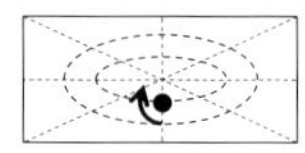
시선				
설명	1, 2박에 왼발 앞「찍기」하며 오른쪽으로 돈다. 3, 4박에 1, 2박을 반복한다. * 시선은 하수 옆에서 하수 뒷사선으로 이동한다.			

10장단

동작				
악보				
호흡	●	●	●	Λ
플로어 패턴	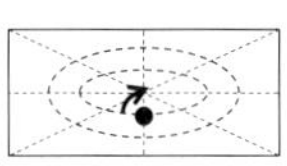		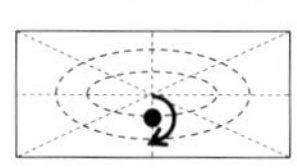	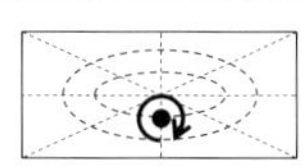
시선		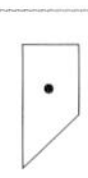		
설명	1, 2박에 오른쪽으로 돌아가며 연속적으로 왼발 앞「찍기」한다. 3, 4박에 연속 앞「찍기」하며 정면으로 돌아온다. * 시선은 뒤에서 하수 앞사선으로 이동한다.			

11장단

동작				
악보				
호흡	●	●	V	Λ
플로어 패턴	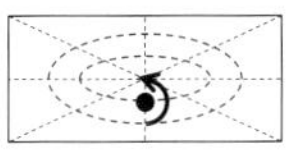		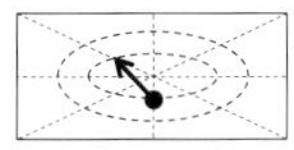	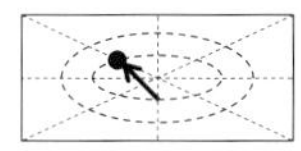
시선			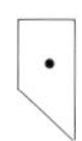	
설명	1, 2박에 왼쪽으로 돌아가며 왼발, 오른발 「세전걸음」하고 양팔을 모아 내린다. 3, 4박에 하수 뒷사선으로 「활사위」하며 왼발 「돋움깨끼」 후 굴신한다. * 시선은 하수 앞사선 위에서 하수 뒷사선 위로 이동한다.			

12장단

동작				
악보				
호흡	○	●	V	Λ
플로어 패턴	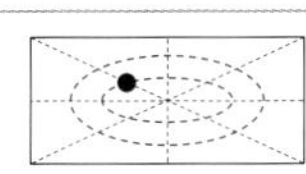			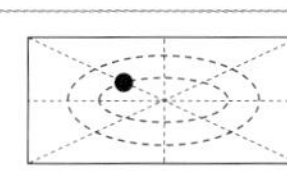
시선	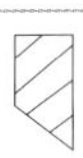		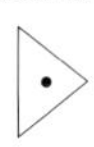	
설명	1박에 오른발 앞「찍기」하며 오른팔은 사선 뒤로 밀어낸다. 2, 3박에 양발 「돋움」하고 왼손 「돌려감기사위」하며 왼쪽으로 돌기 시작한다. 4박에 굴신하며 왼쪽으로 돌아간다. * 시선은 하수 뒷사선 위에서 하수 앞사선 아래로 이동한다.			

13장단

동작				
악보				
호흡	V	Λ	V	Λ
플로어 패턴	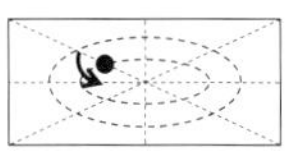			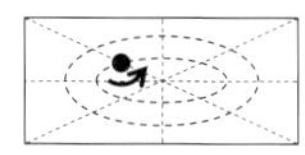
시선				
설명	1, 2박에 오른발 뒷「찍기」하며 굴신한다. 3, 4박에 1, 2박을 반복하며 양팔을 내린다. * 시선은 하수 앞사선 아래에서 정면으로 이동한다.			

14장단

동작				
악보				
호흡	V	Λ	V	Λ
플로어 패턴	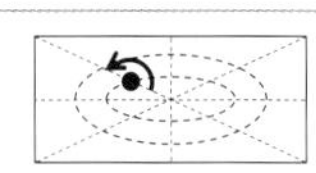		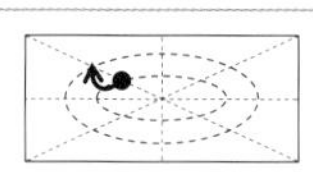	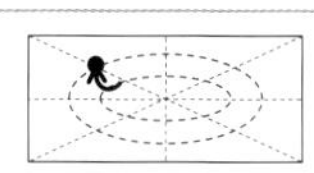
시선				
설명	1, 2박에 왼발 뒷「들어돌리기」하며 딛고, 오른손 앞「몸통감기사위」한다. 3, 4박에 오른발 뒷「들어돌리기」하며 뒷「잔걸음」하고 상수 뒷사선으로 왼손 앞「몸통감기사위」한다. * 시선은 하수 뒷사선 위에서 상수 뒷사선 위로 이동한다.			

15장단

동작				
악보				
호흡	V	Λ	V	Λ
플로어 패턴	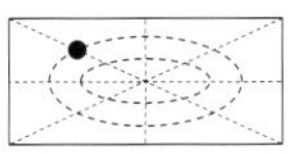			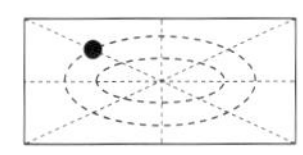
시선				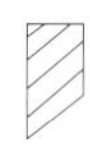
설명	1, 2박에 왼발 「중전걸음」한다. 3, 4박에 오른발 「중전걸음」하며 왼손은 옆치마를 잡고 오른팔을 머리 위로 밀어낸다. * 시선은 상수 뒷사선 위를 본다.			

16장단

동작				
악보				
호흡	●	●	●	●
플로어 패턴	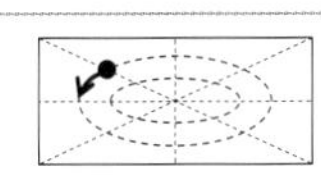			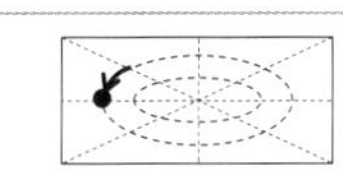
시선	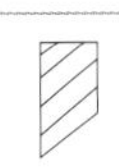	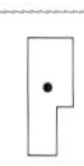	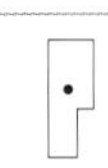	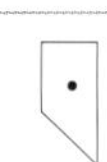
설명	1, 2, 3, 4박에 왼쪽으로 원을 그리며 「세전걸음」하고 오른팔을 수평으로 밀어내린다. * 시선은 상수 뒷사선 위에서 하수 뒷사선으로 이동한다.			

17장단

동작				
악보				
호흡	●	●	●	●
플로어 패턴	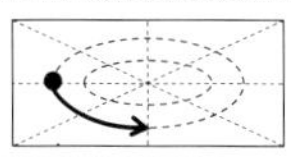		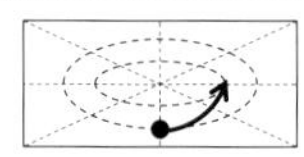	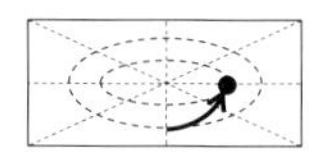
시선			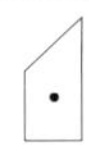	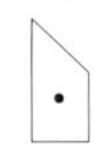
설명	1, 2, 3, 4박에 왼쪽으로 회오리 형태의 원을 그리며 「잔걸음」한다. * 시선은 하수 뒷사선에서 상수 앞사선으로 이동한다.			

18장단

동작				
악보				
호흡	●	●	●	∧
플로어 패턴	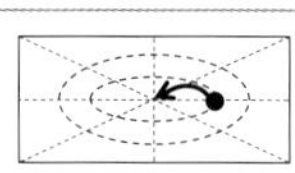	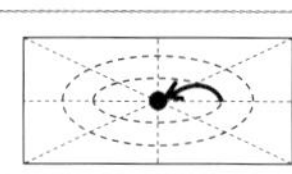	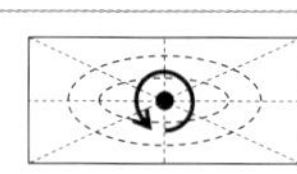	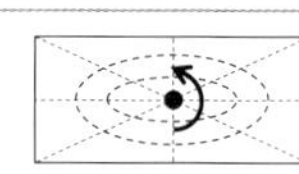
시선	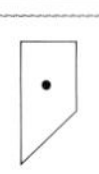			
설명	1, 2박에 연속적으로 회오리 형태의 원을 그리며 「잔걸음」한다. 3, 4박에 왼쪽으로 제자리 「디딤돌기」한다. * 시선은 동작을 따라 상수 뒷사선을 본다.			

19장단

동작				
악보				
호흡	○	●	●	●
플로어 패턴	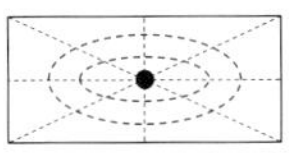			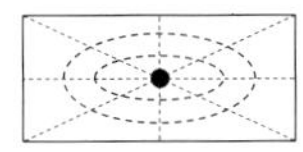
시선				
설명	1박에 뒷정면에서 「나비사위」하며 호흡을 멈춘다. 2, 3, 4박에 1박의 상태를 유지한다. * 시선은 상수 뒷사선을 본다.			

20장단

동작				
악보				
호흡	∧	●	●	∨
플로어 패턴	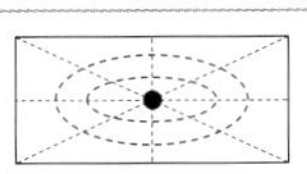			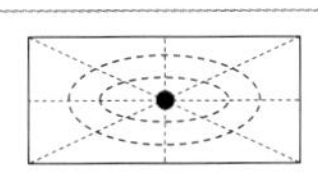
시선				
설명	1, 2, 3, 4박에 「나비사위」하며 오른발을 왼발 중심으로 끌어 모으고 정점까지 「돋움」한다. * 시선은 상수 뒷사선을 본다.			

21장단

동작				
악보	 지살 징 징 다 징			
호흡	∧	●	●	●
플로어 패턴	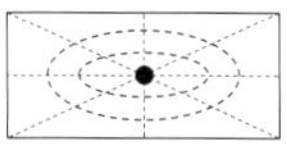		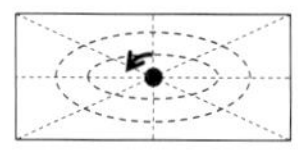	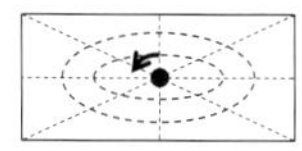
시선				
설명	1, 2박에 호흡을 떨어뜨리며 굴신한다. 3, 4박에 왼쪽으로 「나선돌기」를 시작한다. * 시선은 상수 뒷사선을 본다.			

22장단

동작				
악보	 당 징 땃 징 당			
호흡	●	●	●	∧
플로어 패턴	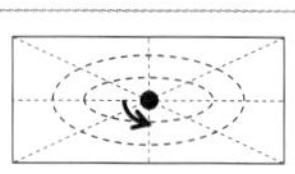			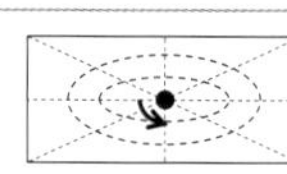
시선				
설명	1, 2, 3, 4박에 연속으로 「나선돌기」하며 내려앉는다. * 시선은 뒤에서 하수 앞사선으로 이동한다.			

23장단

동작				
악보				
호흡	∧	∧	∨	∨
플로어 패턴	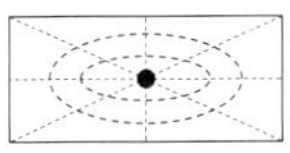	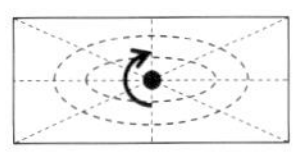		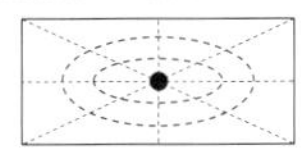
시선				
설명	1, 2박에 정면까지 연속으로 「나선돌기」하며 오른손은 「허리감기사위」하고 양발은 「모아앉은사위」한다. 3박에 오른발 들고 오른손 「돌려감기사위」한다. 4박에 왼발 들고 왼손 「돌려감기사위」한다. * 시선은 정면에서 동작을 따라 상수 옆 아래, 하수 옆 아래로 이동한다.			

24장단

동작				
악보				
호흡	○	●	∨	∨
플로어 패턴	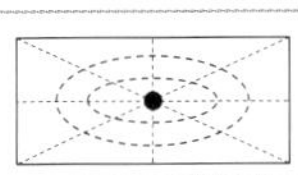			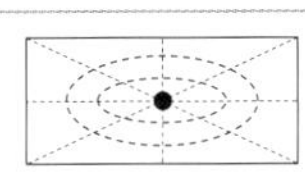
시선			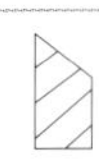	
설명	1박에 오른쪽으로 돌며 양발 「돋움」하고 오른팔을 수평으로 들어올린다. 2, 3, 4박에 호흡을 들이마시며 상수 앞사선 위로 손바닥을 들어올린다. * 시선은 상수 앞사선 위를 본다.			

25장단

구분	1	2	3	4
동작				
악보				
호흡	Λ	Λ	Λ	Λ
플로어 패턴	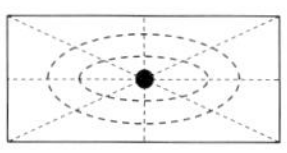			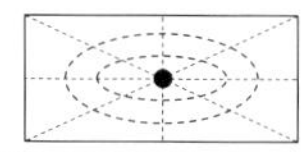
시선				
설명	1, 2, 3, 4박에 굴신하고 오른손 「돌려감기사위」하며 상수 앞사선 아래로 내린다. * 시선은 상수 앞사선을 본다.			

26장단

구분	1	2	3	4
동작				
악보				
호흡	O	●	V	Λ
플로어 패턴	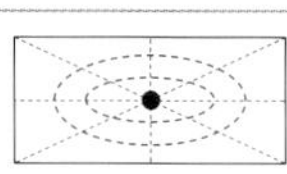			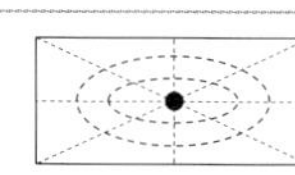
시선				
설명	1, 2박에 왼발 앞「찍기」하며 오른손 앞뒤 치마를 잡는다. 3, 4박에 왼발로 중심을 이동하여 굴신한다. * 시선은 상수 앞사선 아래를 본다.			

27장단

동작				
악보				
호흡	V	Λ	V	Λ
플로어 패턴	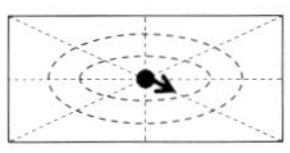			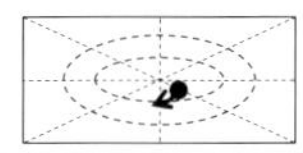
시선				
설명	1, 2박에 오른발 「중전걸음」하며 오른손 치마를 놓는다. 3, 4박에 왼발 「중전걸음」하며 오른쪽으로 돌아가고 팔은 아래에서 위로 원을 그리며 수평으로 들어올린다. * 시선은 상수 앞사선에서 하수 앞사선으로 이동한다.			

28장단

동작				
악보				
호흡	V	Λ	V	Λ
플로어 패턴	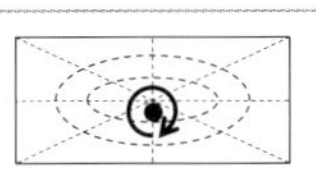		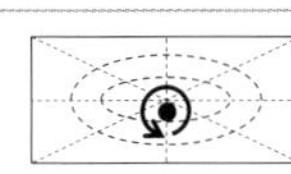	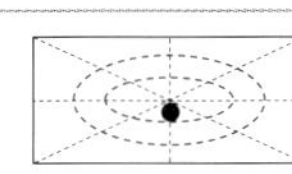
시선	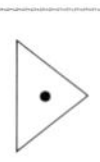			
설명	1, 2박에 오른발 딛고 양발 모아 오른쪽으로 180도 회전한 후 정면에서 왼손 앞「몸통감기사위」한다. 3, 4박에 왼발 딛고 양발 모아 왼쪽으로 360도 회전한 후 정면에서 오른손 앞「몸통감기사위」한다. * 시선은 하수 앞사선에서 동작을 따라 상수 앞사선으로 이동한다.			

29장단

동작				
악보				
호흡	V	Λ	V	Λ
플로어 패턴	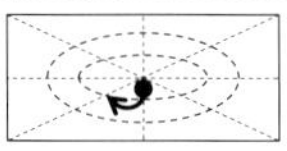			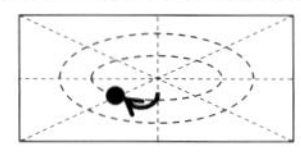
시선				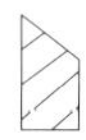
설명	1, 2박에 오른발 「중전걸음」하며 왼팔을 머리 위로 밀어낸다. 3, 4박에 왼발 「중전걸음」하며 오른팔을 사선 아래로 밀어낸다. * 시선은 상수 앞사선 위를 본다.			

30장단

동작				
악보	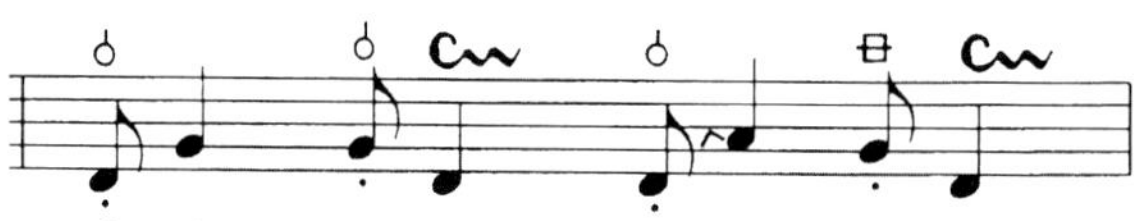			
호흡	V	Λ	V	Λ
플로어 패턴	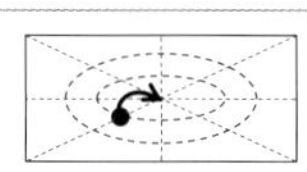			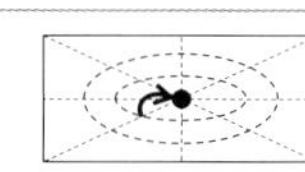
시선			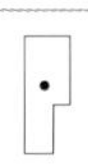	
설명	1, 2박에 오른발 「중전걸음」하며 왼손 옆치마를 잡는다. 3, 4박에 왼발 「중전걸음」하며 오른쪽으로 돌아간다. * 시선은 상수 앞사선에서 상수 뒷사선으로 이동한다.			

31장단

동작				
악보				
호흡	V	∧	V	∧
플로어 패턴	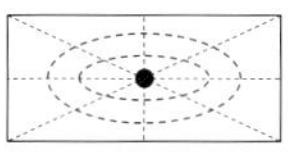			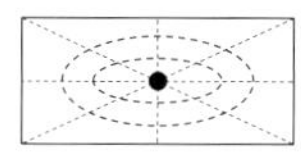
시선			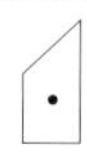	
설명	1, 2박에 오른발 「중전걸음」한다. 3, 4박에 왼발 「중전걸음」하며 하수 앞사선까지 돌아간다. * 시선은 상수 앞사선에서 하수 앞사선으로 이동한다.			

32장단

동작				
악보				
호흡	●	●	V	∧
플로어 패턴	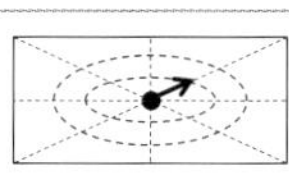			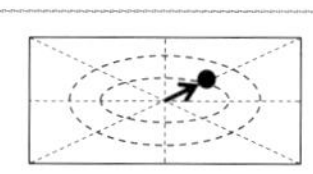
시선			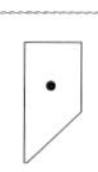	
설명	1박에 오른발, 2박에 왼발 「세전걸음」하며 오른손은 사선 아래로 쓸어내린다. 3, 4박에 오른발 「돋움깨끼」하며 팔은 하수 뒷사선 위로 들어올린 후 굴신한다. * 시선은 하수 앞사선에서 상수 뒷사선 위로 이동한다.			

33장단

동작				
악보				
호흡	○	●	●	●
플로어 패턴	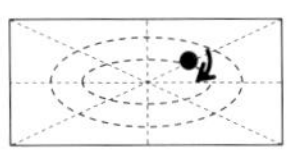			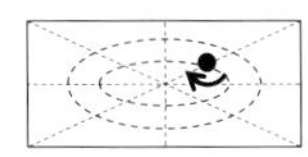
시선			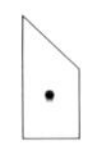	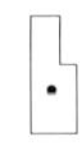
설명	1박에 왼발 앞「찍기」하며 오른손「돌려감기사위」하고 호흡을 멈춘다. 2, 3, 4박에 오른쪽으로 돌아가며 오른팔을 내리기 시작한다. * 시선은 상수 앞사선에서 정면으로 이동한다.			

34장단

동작				
악보				
호흡	●	●	●	∧
플로어 패턴	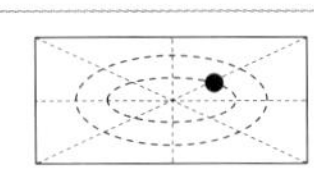			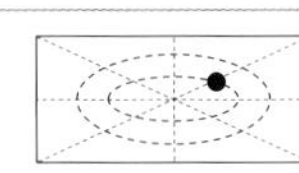
시선				
설명	1, 2, 3, 4박에 연속적으로 하수 앞사선을 향해 돌아가고 오른팔은 몸 방향과 같이 내리며 굴신한다. * 시선은 정면에서 하수 앞사선으로 이동한다.			

35장단

동작				
악보	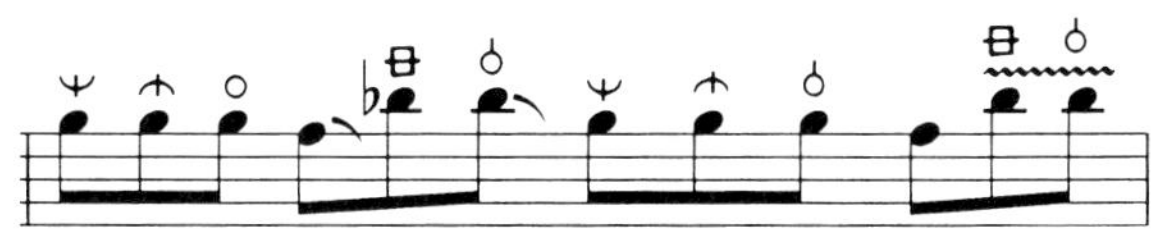			
호흡	V	Λ	V	Λ
플로어 패턴	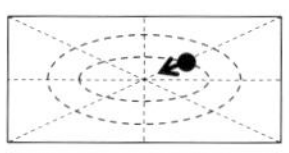			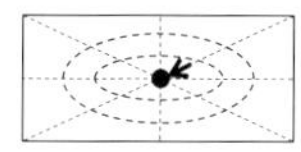
시선		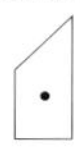	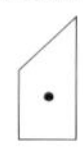	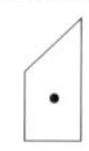
설명	1, 2박에 오른손 앞뒤 치마를 잡고 오른발 「들어걷기」한다. 3, 4박에 1, 2박을 반복한다. * 시선은 하수 앞사선을 본다.			

36장단

동작				
악보	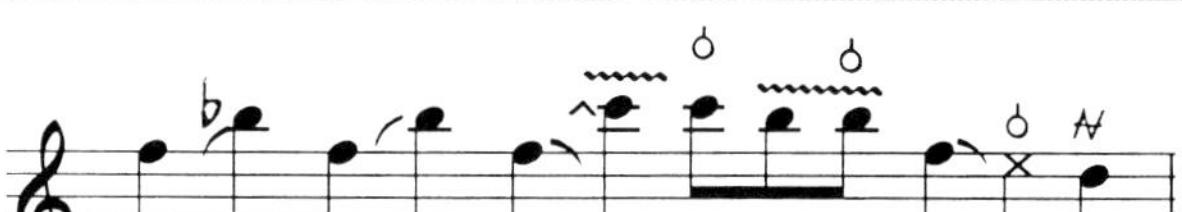			
호흡	●	●	●	Λ
플로어 패턴	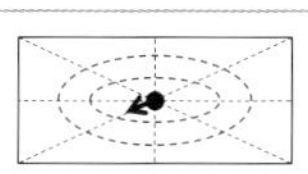			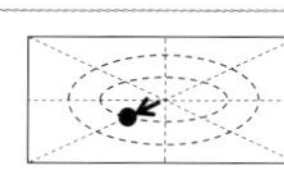
시선	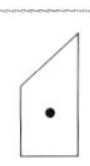	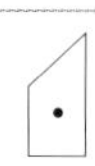	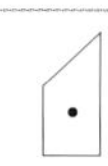	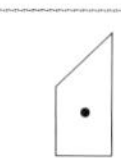
설명	1, 2박에 오른발 두 번 「끌어붙임걸음」한다. 3박에 세 번 「끌어붙임걸음」한다. 4박에 오른발 들어 왼발 「돋움」하며 「잔걸음」한다. * 시선은 하수 앞사선을 본다.			

37장단

동작				
악보				
호흡	∧	∨	∧	∨
플로어 패턴	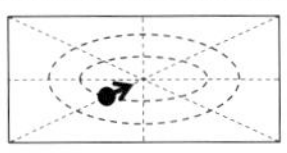			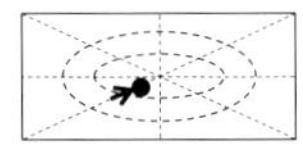
시선			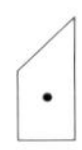	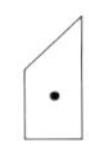
설명	1, 2박에 상수 뒷사선으로 오른발 「밀어돋움하기」하며 뒷「깨끼걸음」한다. 3, 4박에 1, 2박을 반복하며 마지막 박에 오른발을 밀어낸다. * 시선은 하수 앞사선을 본다.			

38장단

동작				
악보				
호흡	∧	∨	∧	∨
플로어 패턴	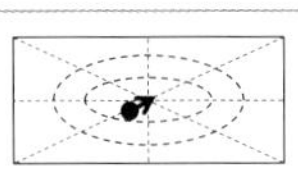			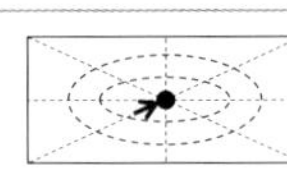
시선	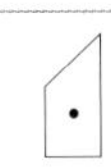	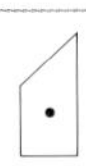	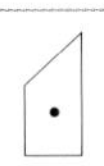	
설명	1, 2박에 오른발로 두 번 「돋움밀어내기」한다. 3, 4박에 뒷「돋움깨끼」한다. * 시선은 하수 앞사선을 본다.			

39장단

동작				
악보				
호흡	●	●	●	●
플로어 패턴	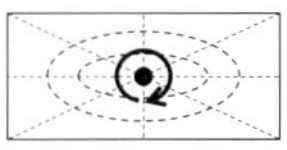		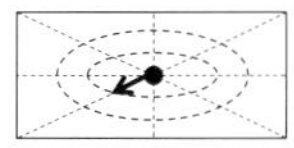	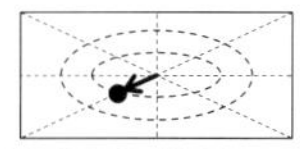
시선				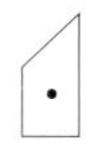
설명	1, 2, 3, 4박에 양팔로 앞뒤 몸통을 휘감아 제자리 「디딤돌기」하며 「회오리사위」를 시작한다. * 시선은 하수 앞사선에서 동작을 따라 하수 앞사선으로 이동한다.			

40장단

동작				
악보				
호흡	∧	●	○	∧
플로어 패턴	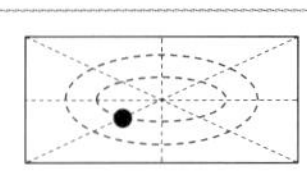	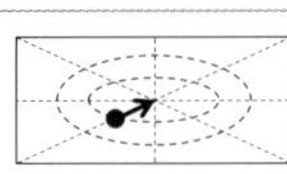	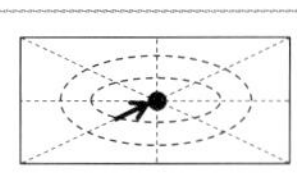	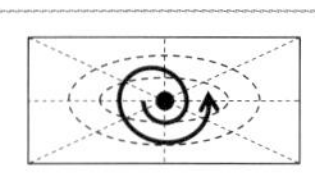
시선				
설명	1, 2, 3박에 오른발을 밀어 내딛으며 오른쪽 닫힌 「회오리사위」한다. 4박에 왼쪽으로 양팔 앞뒤 몸통을 휘감아 제자리 「디딤돌기」한다. * 시선은 하수 앞사선에서 동작을 따라 상수 앞사선으로 이동한다.			

41장단

동작				
악보				
호흡	●	●	∧	●
플로어 패턴	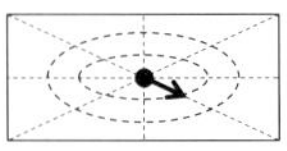		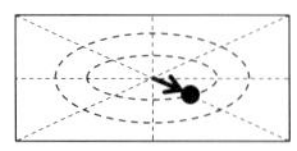	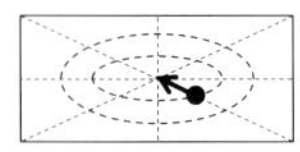
시선				
설명	1, 2박에 연속적으로 「디딤돌기」하며 양손 치마를 놓는다. 3, 4박에 왼발을 밀어 내딛으며 왼쪽 단힌 「회오리사위」한다. * 시선은 하수 앞사선에서 동작을 따라 상수 앞사선으로 이동한다.			

42장단

동작				
악보				
호흡	○	●	●	∧
플로어 패턴	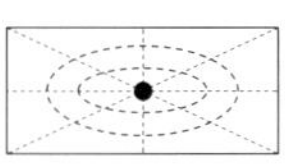			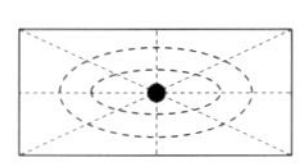
시선				
설명	1, 2, 3박에 오른손 앞뒤 치마를 잡고 호흡을 멈춘다. 4박에 굴신한다. * 시선은 상수 앞사선 아래를 본다.			

43장단

동작				
악보				
호흡	○	●	∨	∧
플로어 패턴	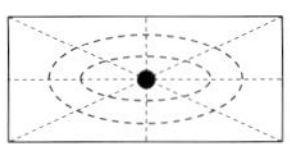			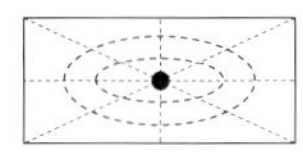
시선			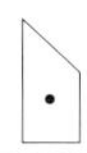	
설명	1박에 왼발 앞「찍기」한다. 2, 3박에 치마를 놓으며 호흡을 들이마시고 오른팔을 가슴선으로 들어올린다. 4박에 굴신한다. * 시선은 상수 앞사선을 본다.			

44장단

동작				
악보				
호흡	○	●	∨	∧
플로어 패턴	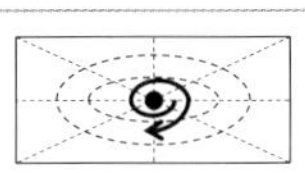			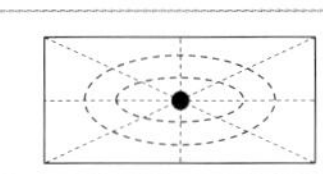
시선	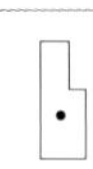		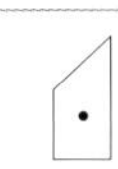	
설명	1박에 왼발 앞「찍기」한다. 2, 3박에 오른쪽으로 돌아 정면에서 양팔을 수평으로 펼친다. 4박에 왼손 손바닥을 뒤집고 양팔을 내리며 굴신한다. * 시선은 상수 앞사선에서 동작을 따라 상수 앞사선으로 이동한다.			

45장단

동작				
악보				
호흡	O	●	V	Λ
플로어 패턴	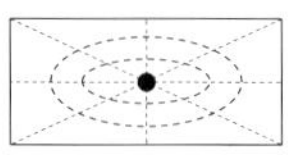			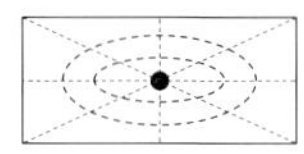
시선				
설명	1, 2, 3박에 호흡을 들이마시며 오른손은 옆치마를 잡고 왼손과 오른발은 상수 앞사선으로 들어올린다. 4박에 왼손 「돌려감기사위」하며 굴신한다. * 시선은 상수 앞사선을 본다.			

46장단

동작				
악보				
호흡	V	Λ	V	Λ
플로어 패턴	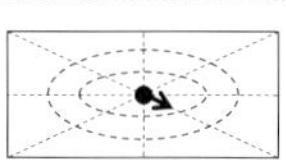			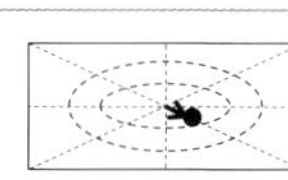
시선		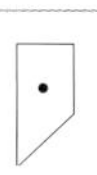	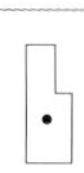	
설명	1, 2박에 상수 앞사선으로 오른발 「중전걸음」하며 밀어낸다. 3, 4박에 왼발 「중전걸음」하며 당긴다. * 시선은 상수 뒷사선에서 정면으로 이동한다.			

47장단

<table>
<tr><td>동작</td><td></td><td></td><td></td><td></td></tr>
<tr><td>악보</td><td colspan="4"></td></tr>
<tr><td>호흡</td><td>●</td><td>●</td><td>●</td><td>●</td></tr>
<tr><td>플로어 패턴</td><td>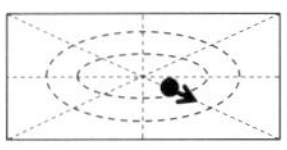</td><td></td><td></td><td>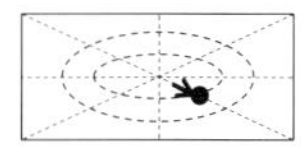</td></tr>
<tr><td>시선</td><td></td><td></td><td></td><td></td></tr>
<tr><td>설명</td><td colspan="4">1박에 오른발 「세전걸음」하며 밀어내고, 2박에 왼발 「세전걸음」하며 당긴다.
3박에 오른발 「세전걸음」하며 밀어내고, 4박에 왼발 「세전걸음」하며 당긴다.
* 시선은 상수 앞사선을 본다.</td></tr>
</table>

48장단

<table>
<tr><td>동작</td><td></td><td></td><td></td><td></td></tr>
<tr><td>악보</td><td colspan="4"></td></tr>
<tr><td>호흡</td><td>●</td><td>●</td><td>●</td><td>∧</td></tr>
<tr><td>플로어 패턴</td><td>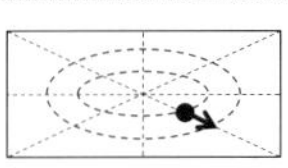</td><td></td><td></td><td>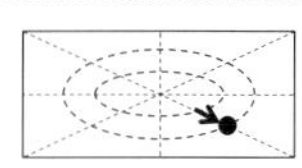</td></tr>
<tr><td>시선</td><td></td><td></td><td></td><td></td></tr>
<tr><td>설명</td><td colspan="4">1, 2박에 오른발, 왼발 「겹디딤」한다.
3, 4박에 오른발, 왼발 「겹디딤」한 후 오른손 「허리감기사위」한다.
* 시선은 상수 뒷사선에서 정면, 상수 뒷사선에서 하수 앞사선으로 이동한다.</td></tr>
</table>

엇모리

엇모리는 1장단이 5박으로 구성되는 장이다. 춤사위는 「겹디딤」, 「그네디딤」, 「찍기」, 「엇사위」, 「돋움」, 「들어돌리기」, 「디딤돌기」, 「회오리사위」 등으로 구성되어 있으며 맺고 푸는 호흡의 강약 조절로 한층 고조된 움직임의 미학을 선보인다. 엇모리는 다른 산조춤에는 거의 없는 황병기류 가야금 산조곡만의 독특한 장단 구성이다. 특히 이 장은 가야금 산조가 가지고 있는 즉흥성을 적극 활용하여 춤을 구성했으며, 다채로운 엇박의 묘미를 춤으로 잘 표현하고 있다. 마치 화려하게 흩날리는 낙엽 아래에서 인생의 노을을 관조하듯 '절제된 화려함의 미학'을 선보인다.

Eotmori is the section where a phrase consists of 5 beats. The dancing consists of "gyeop didim (double step)", "geune didim (swing step)", "jjikgi (dotting), "eot sawi (the arm in diagonal direction)", "dodum (lifting)", "deureo-dolligi (lift and turn)", "didim-dolgi (step and turn)", and "hoeori sawi (whirlwind)". It showcases the aesthetics of movement which is further heightened by the dancer's control of breathing. *Eotmori* is a unique piece of Hawng Byung-ki style *gayageum sanjo*, which is rare in other *sanjo* dances. This section uses improvisation of *gayageum sanjo* actively and expresses the charm of the various syncopation. It shows 'the aesthetics of reserved splendour' as if contemplating the glow of life under the splendidly falling leaves.

1장단

동작					
악보					
호흡	●	●	●	●	Λ
플로어 패턴	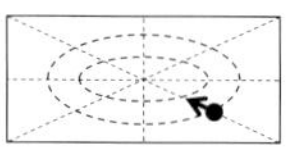				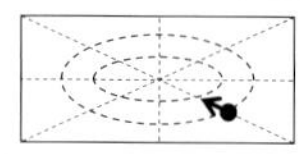
시선				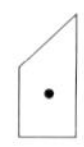	
설명	1, 2, 3박에 오른팔을 아래로 내리며 오른발 뒷「겹디딤」한다. 4, 5박에 왼발 뒷「겹디딤」한다. * 시선은 상수 뒷사선에서 하수 앞사선으로 이동한다.				

2장단

동작					
악보					
호흡	●	●	●	●	Λ
플로어 패턴	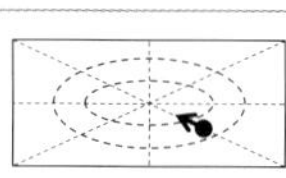				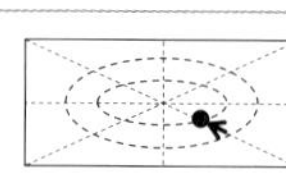
시선				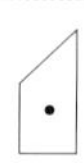	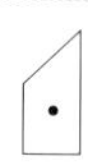
설명	1, 2, 3박에 오른팔을 45도로 들어올리며 오른발 뒷「겹디딤」한다. 4, 5박에 왼발 뒷「겹디딤」한다. * 시선은 상수 뒷사선에서 하수 앞사선으로 이동한다.				

3장단

동작					
악보					
호흡	●	●	●	●	∧
플로어 패턴	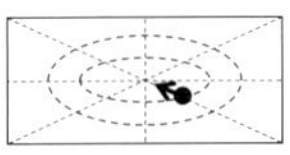				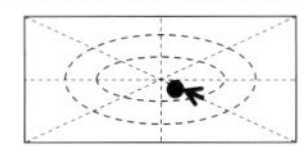
시선				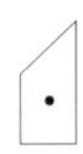	
설명	1, 2, 3박에 오른발 뒷「겹디딤」하며 오른팔을 서서히 든다. 4, 5박에 왼발 뒷「겹디딤」한다. * 시선은 상수 뒷사선에서 하수 앞사선으로 이동한다.				

4장단

동작					
악보	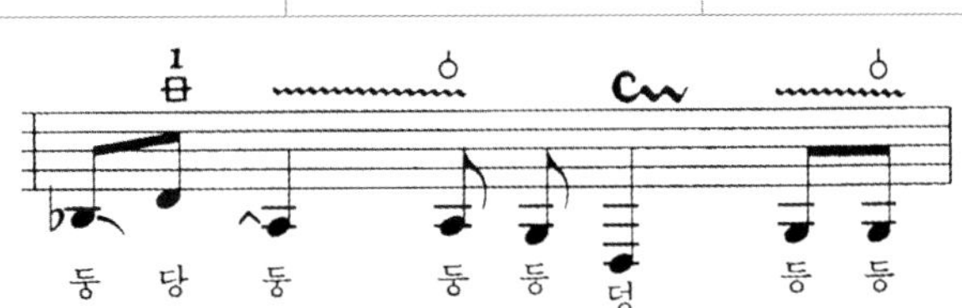				
호흡	●	●	●	∨	∧
플로어 패턴	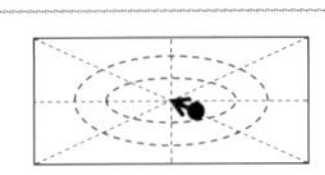				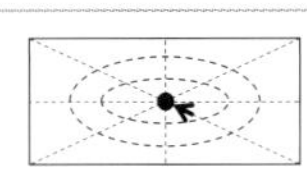
시선	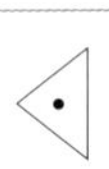				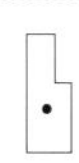
설명	1, 2, 3박에 오른팔을 수평까지 들어올리며 오른발 뒷「겹디딤」한다. 4, 5박에 양팔을 아래로 내리며 왼발 「그네디딤」한 후 정면을 향한다. * 시선은 상수 옆에서 정면으로 이동한다.				

5장단

동작					
악보	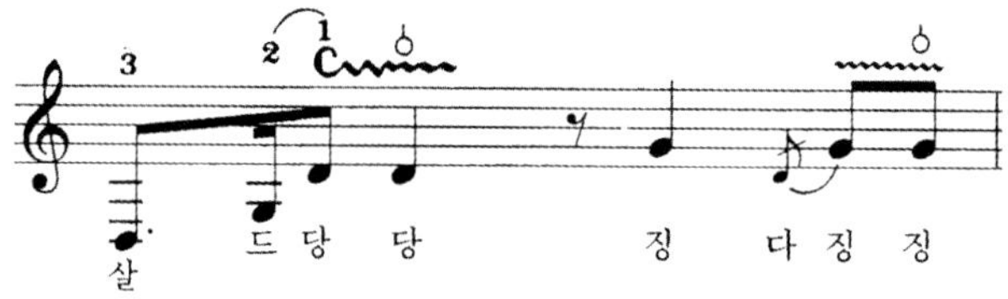				
호흡	○	●	●	●	∧
플로어 패턴	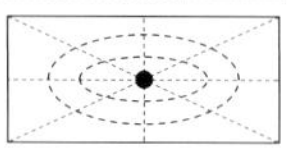				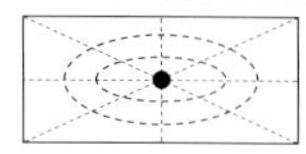
시선					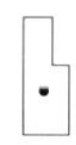
설명	1, 2, 3박에 왼손은 앞뒤 치마를 잡고 오른발은 앞「찍기」하며 호흡을 멈춘다. 4, 5박에 굴신한다. * 시선은 정면을 본다.				

6장단

동작					
악보					
호흡	○	●	●	●	∧
플로어 패턴	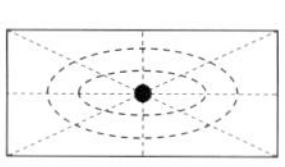			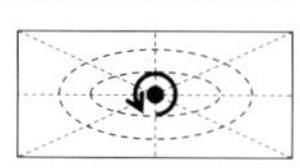	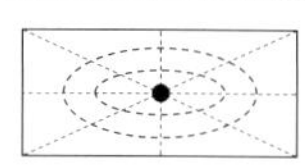
시선					
설명	1, 2, 3박에 오른발 앞「찍기」하며 호흡을 멈춘다. 4, 5박에 왼쪽으로 360도 돈다. * 시선은 동작을 따라 상수 앞사선으로 이동한다.				

7장단

동작					
악보					
호흡	V	●	●	●	Λ
플로어 패턴	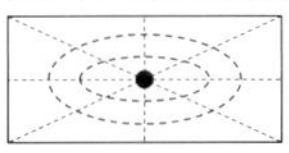				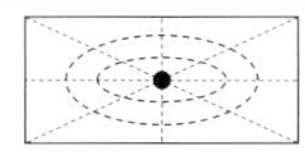
시선			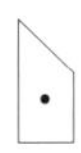		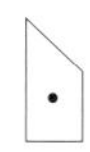
설명	1, 2, 3박에 왼손은 옆치마를 잡고, 오른손은 가슴선으로 들어올리며 오른발을 뒷사선으로 딛는다. 4, 5박에 오른손을 내리며 굴신한다. * 시선은 상수 앞사선을 본다.				

8장단

동작					
악보					
호흡	O	●	Λ	V	Λ
플로어 패턴	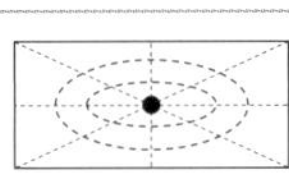				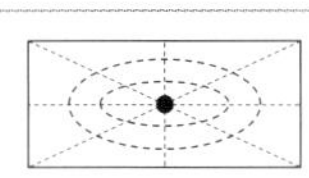
시선				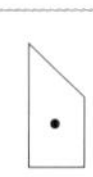	
설명	1, 2, 3박에 호흡을 들이마신 후 왼손 아래「엇사위」하며 굴신한다. 4, 5박에 왼발 중심으로 밀고 당기며 뒷「돋움깨끼」한 후 굴신한다. * 시선은 상수 앞사선을 본다.				

9장단

동작					
악보					
호흡	○	●	●	●	●
플로어 패턴	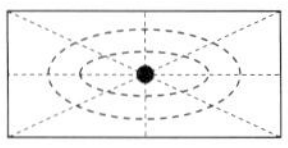				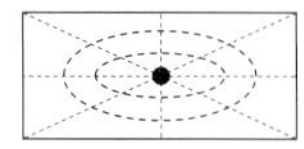
시선					
설명	1박에 왼발 뒷「찍기」한다. 2, 3, 4, 5박에 오른손 아래「엇사위」하며 호흡을 들이마신다. * 시선은 하수 앞사선을 본다.				

10장단

동작					
악보	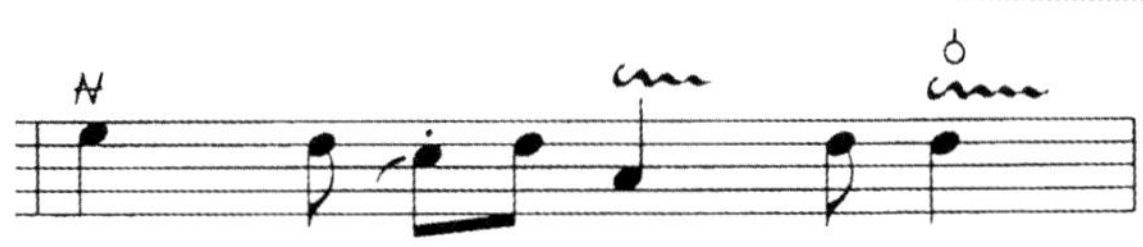				
호흡	●	●	●	V	Λ
플로어 패턴	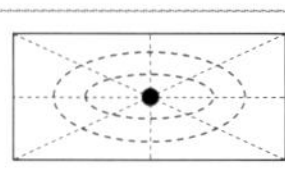				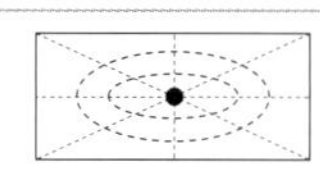
시선	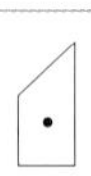	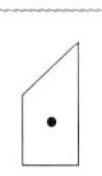	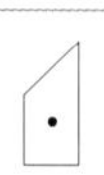		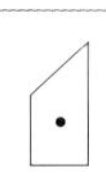
설명	1, 2, 3박에 호흡을 들이마신다. 4, 5박에 호흡을 내쉬며 오른손 뒷「몸통감기사위」하고 굴신한다. * 시선은 하수 앞사선을 본다.				

11장단

동작					
악보					
호흡	V	Λ	Λ	V	Λ
플로어 패턴	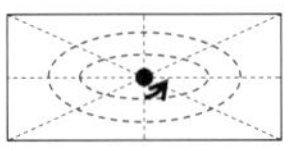				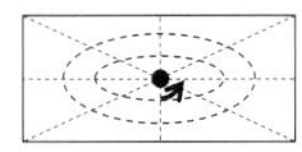
시선					
설명	1, 2, 3박에 양팔은 오른손 아래 「엇사위」로 밀어내고 왼발 뒷「찍기」하며 왼쪽으로 돌아간다. 4, 5박에 1, 2, 3박을 반복한다. * 시선은 하수 앞사선에서 정면으로 이동한다.				

12장단

동작					
악보					
호흡	●	●	●	●	V
플로어 패턴	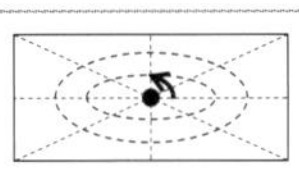				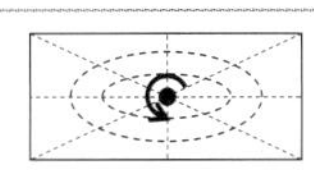
시선					
설명	1, 2, 3박에 두 번 왼발 뒷「찍기」하며 연속으로 돈다. 4, 5박에 양팔을 수평으로 펴고 왼발 뒷「찍기」하며 정면으로 돌아온다. * 시선은 상수 앞사선에서 동작을 따라 하수 앞사선으로 이동한다.				

13장단

동작					
악보					
호흡	∧	∧	∧	∧	∧
플로어 패턴	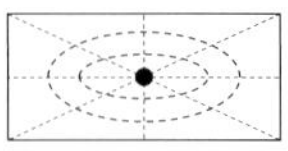				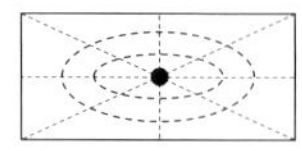
시선					
설명	1, 2, 3박에 왼발 딛고 양팔을 내리며 상수 뒷사선으로 돌아간다. 4, 5박에 오른손 「허리감기사위」하며 굴신한다. * 시선은 정면에서 상수 뒷사선으로 이동한다.				

14장단

동작					
악보	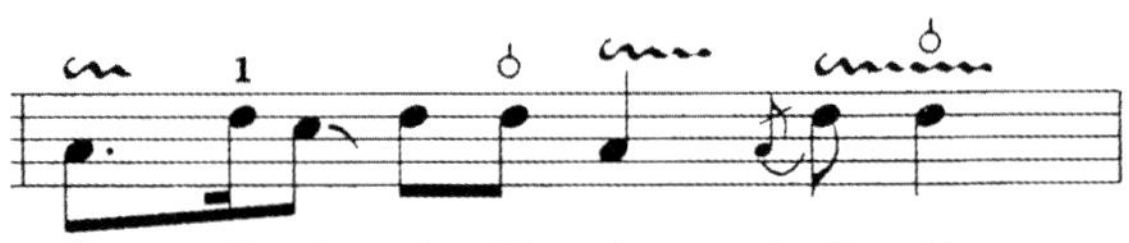				
호흡	∨	∨	∨	∧	∧
플로어 패턴	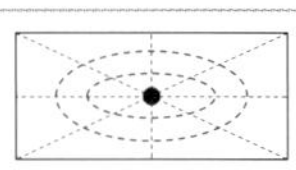				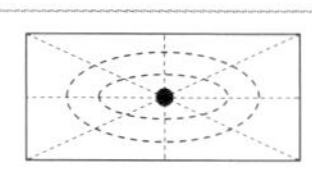
시선					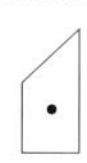
설명	1, 2, 3박에 오른팔은 크게 돌리고 왼팔은 수평으로 들며 오른발을 든다. 4, 5박에 오른발을 딛어 굴신하며 오른손은 손바닥을 위로 하여 수평으로 내린다. * 시선은 상수 뒷사선에서 하수 앞사선으로 이동한다.				

15장단

동작					
악보					
호흡	○	●	●	●	●
플로어 패턴	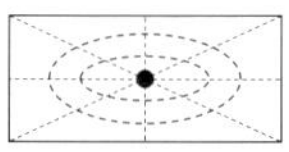				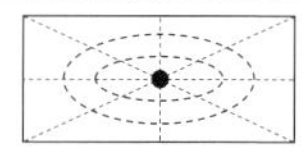
시선					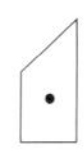
설명	1박에 양팔을 수평으로 들며 왼발 앞「돋움」한다. 2, 3, 4, 5박에 호흡의 정점에서 정지한다. * 시선은 하수 앞사선을 본다.				

16장단

동작					
악보					
호흡	V	●	●	∧	∧
플로어 패턴	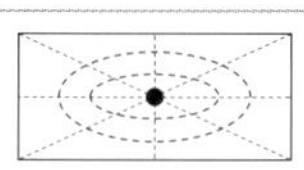			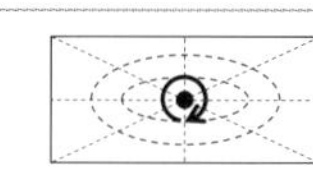	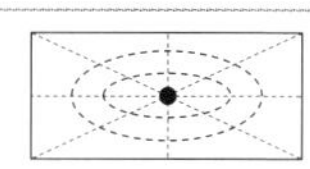
시선		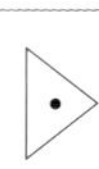	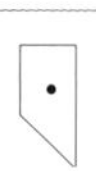	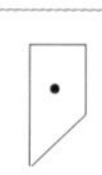	
설명	1, 2, 3박에 양발「돋움」하며 호흡을 들이마신다. 4, 5박에 오른손「돌려감기사위」하며 오른쪽으로 360도 돌아 굴신한다. * 시선은 동작을 따라 하수 앞사선으로 이동한다.				

17장단

동작					
악보					
호흡	∧	●	●	●	●
플로어 패턴	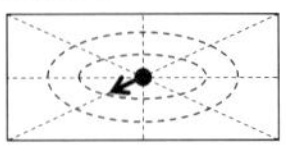				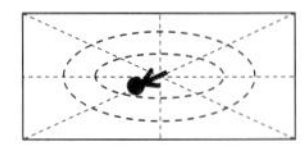
시선					
설명	1, 2, 3박에 오른발, 왼발 밀어 딛으며 굴신한다. 오른손 아래 「엇사위」한다. 4, 5박에 뒤로 당기며 굴신한다. * 시선은 하수 앞사선 아래를 본다.				

18장단

동작					
악보					
호흡	≷	≷	≷	●	●
플로어 패턴	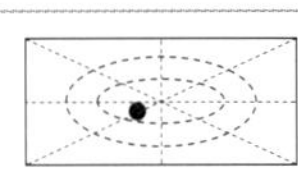				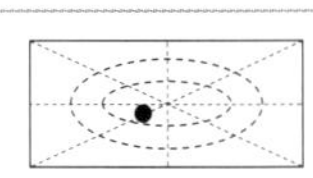
시선					
설명	1, 2, 3박에 「어름사위」한다. 4, 5박에 양팔을 모아 내리며 오른쪽으로 360도 돌아 굴신한다. * 시선은 동작을 따라 하수 앞사선으로 이동한다.				

19장단

동작					
악보	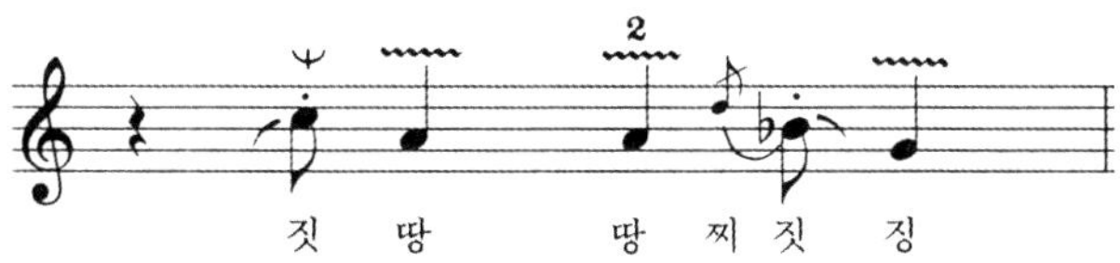				
호흡	○	●	●	●	●
플로어 패턴	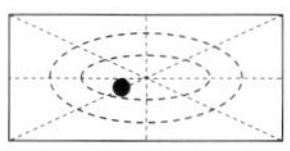				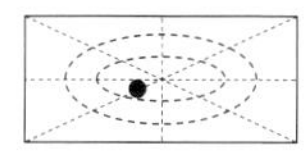
시선					
설명	1, 2, 3박에 왼손은 옆치마를 잡고 오른손은 사선 아래로 밀어내리며 왼발 들어 정지한다. 4, 5박에 굴신한다. * 시선은 하수 앞사선 아래를 본다.				

20장단

동작					
악보					
호흡	V	V	V	Λ	Λ
플로어 패턴	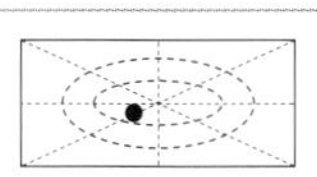				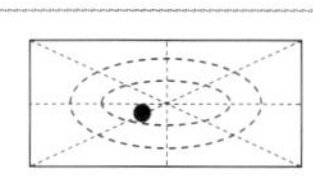
시선			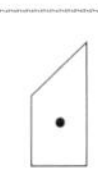		
설명	1, 2, 3박에 호흡을 들이마시며 오른팔은 수평으로 들어올린다. 4, 5박에 오른손 「돌려감기사위」하며 굴신한다. * 시선은 하수 앞사선을 본다.				

21장단

동작					
악보					
호흡	∧	∧	∧	∧	∧
플로어 패턴	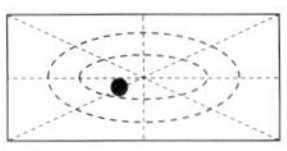				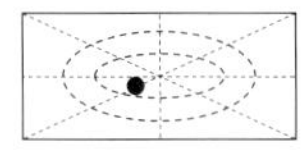
시선			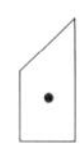		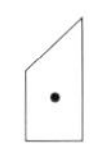
설명	1, 2, 3박에 앞으로 밀며 굴신한다. 4, 5박에 뒤로 당기며 굴신한다. * 시선은 하수 앞사선을 본다.				

22장단

동작					
악보					
호흡		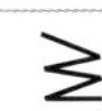		●	●
플로어 패턴	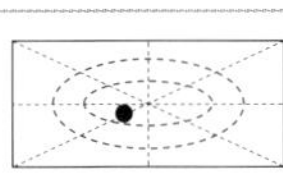			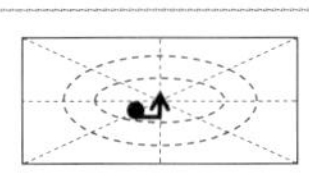	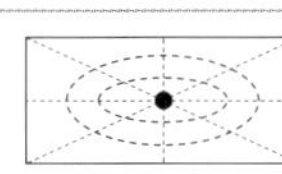
시선					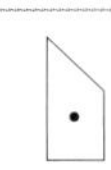
설명	1, 2, 3박에 「어름사위」하며 굴신한다. 4박에 왼발 딛으며 왼손 아래 「엇사위」한다. 5박에 하수 뒷사선으로 「밀어돋움하기」하며 왼손을 아래로 내린다. * 시선은 하수 앞사선에서 상수 앞사선으로 이동한다.				

23장단

동작					
악보					
호흡	○	●	●	●	●
플로어 패턴	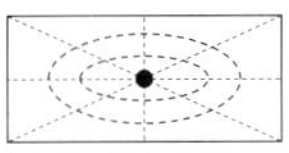				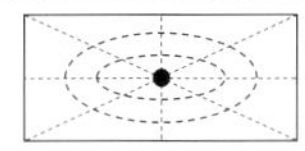
시선				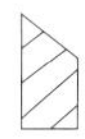	
설명	1박에 왼손은 앞치마를 잡고 호흡의 정점에서 멈춘다. 2, 3, 4, 5박에 1박의 상태를 유지한다. * 시선은 상수 앞사선 위를 본다.				

24장단

동작					
악보					
호흡	V	●	●	Λ	Λ
플로어 패턴	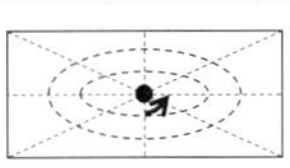	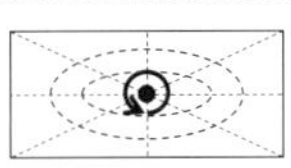			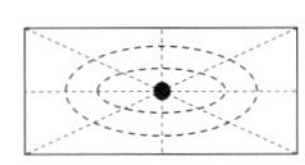
시선		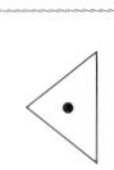		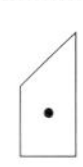	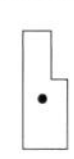
설명	1박에 연속으로 동작을 유지하며 호흡을 들이마신다. 2, 3, 4, 5박에 양팔을 모아 내리며 왼쪽으로 360도 돌아 정면에서 굴신한다. * 시선은 동작을 따라 정면으로 이동한다.				

25장단

동작					
악보	 				
호흡	O	●	●	V	V
플로어 패턴	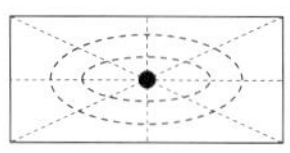				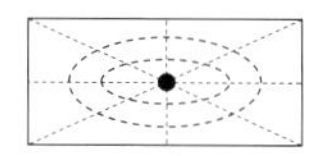
시선			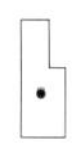		
설명	1박에 양손은 앞치마를 잡는다. 2, 3, 4, 5박에 오른발 「들어돌리기」한다. * 시선은 정면을 본다.				

26장단

동작					
악보	 				
호흡	V	Λ	Λ	●	Λ
플로어 패턴	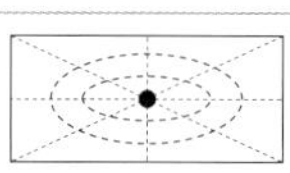				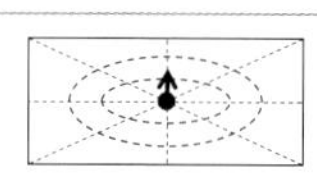
시선		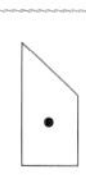	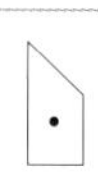		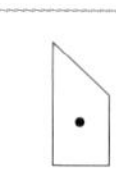
설명	1, 2, 3박에 오른발 「들어돌리기」하며 4, 5박에 뒷「겹디딤」한다. * 시선은 상수 앞사선을 본다.				

27장단

동작					
악보					
호흡	V	Λ	Λ	●	Λ
플로어 패턴	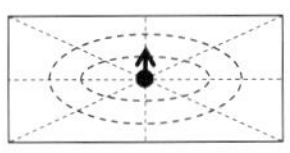				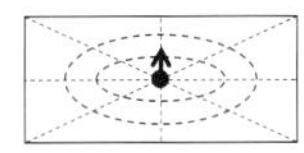
시선	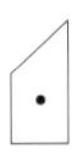				
설명	1, 2, 3박에 왼발 「들어돌리기」 한다. 4, 5박에 뒷「겹디딤」 한다. * 시선은 하수 앞사선을 본다.				

28장단

동작					
악보					
호흡	●	●	●	●	●
플로어 패턴	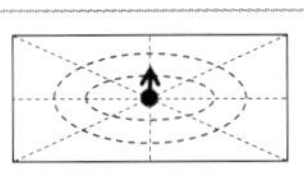				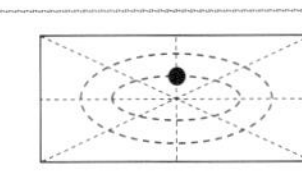
시선					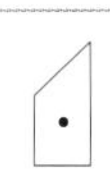
설명	1, 2, 3박에 오른발 뒷「겹디딤」 한다. 4, 5박에 왼발 뒷「겹디딤」 한다. * 시선은 상수 앞사선에서 하수 앞사선으로 이동한다.				

29장단

동작					
악보					
호흡	○	●	●	●	∧
플로어 패턴	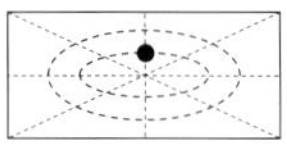				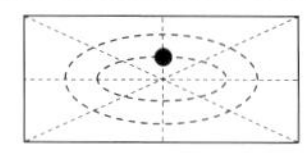
시선				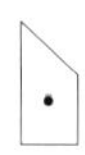	
설명	1박에 왼손은 옆치마를 잡고 오른손은 가슴선으로 올리며 오른발 앞「찍기」한다. 2, 3, 4, 5박에 오른팔을 내리며 굴신한다. * 시선은 상수 앞사선을 본다.				

30장단

동작					
악보	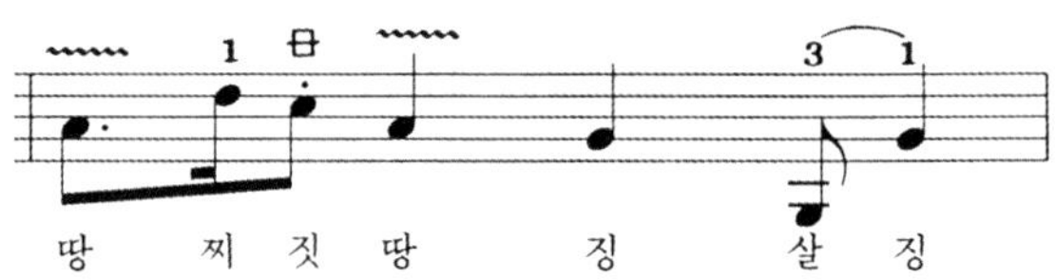				
호흡	V	V	V	∧	∧
플로어 패턴	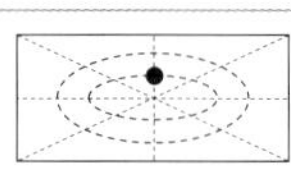				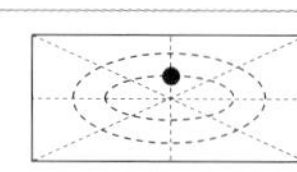
시선		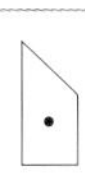	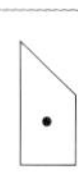		
설명	1, 2, 3박에 오른발「장전걸음」하며 오른팔은 수평으로 든다. 4, 5박에 오른손을 뒤집으며 굴신한다. * 시선은 상수 앞사선을 본다.				

31장단

동작					
악보					
호흡	○	●	●	●	∧
플로어 패턴	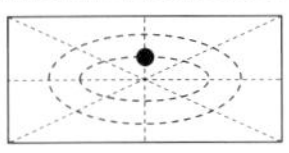				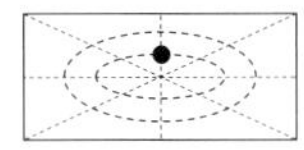
시선					
설명	1박에 왼발「장전걸음」하며 오른팔을 하수 뒷사선 위로 든다. 2, 3, 4, 5박에 오른손「돌려감기사위」하며 굴신한다. * 시선은 하수 뒷사선 아래를 본다.				

32장단

동작					
악보					
호흡	●	●	∧	∨	∧
플로어 패턴	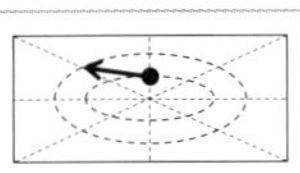				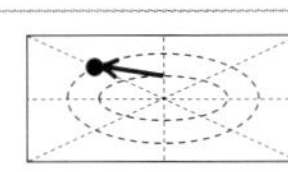
시선	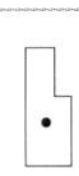		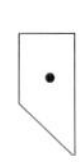		
설명	1, 2, 3박에 오른손 밀고「돌려감기사위」하며 오른발, 왼발「디딤」한다. 4, 5박에 왼손 앞「몸통감기사위」하며 오른발「겹디딤」한다. * 시선은 정면에서 동작을 따라 상수 뒷사선으로 이동한다.				

33장단

동작					
악보					
호흡	●	●	●	●	●
플로어 패턴	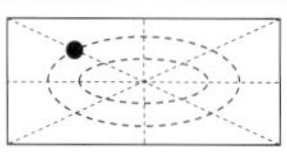				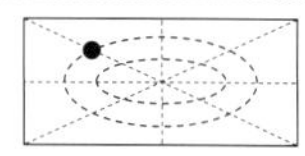
시선					
설명	1, 2, 3박에 왼발 「중전걸음」하며 오른팔을 상수 뒷사선으로 펴기 시작한다. 4, 5박에 오른발 「중전걸음」하며 왼팔을 펴기 시작한다. * 시선은 상수 뒷사선에서 하수 뒷사선으로 이동한다.				

34장단

동작					
악보					
호흡	●	●	Λ	V	Λ
플로어 패턴	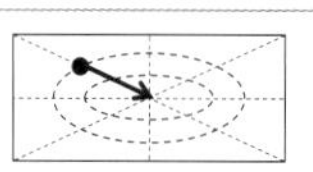				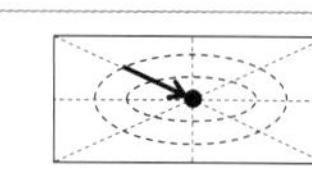
시선					
설명	1, 2, 3박에 왼발, 오른발 「디딤」하며 오른팔을 하수 사선 위에서 수평으로 내린다. 4, 5박에 상수 앞사선으로 「잔걸음」하고 오른팔은 상수 앞사선으로 반원을 그리며 들어올린 후 굴신한다. * 시선은 하수 뒷사선에서 상수 앞사선으로 이동한다.				

35장단

동작					
악보					
호흡	○	●	●	●	∧
플로어 패턴	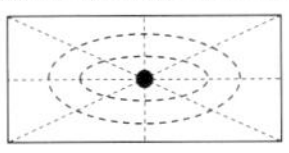				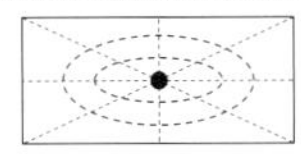
시선			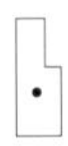		
설명	1, 2, 3박에 왼발 앞「찍기」한다. 4, 5박에 오른팔을 수평으로 내리며 굴신한다. * 시선은 정면을 본다.				

36장단

동작					
악보					
호흡	∨	∨	∨	∧	∧
플로어 패턴	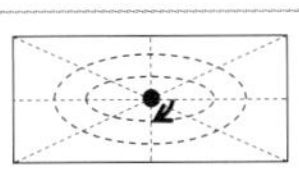				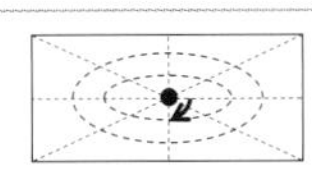
시선					
설명	1, 2, 3박에 왼발 앞「찍기」하며 오른쪽으로 돌아가기 시작한다. 4, 5박에 굴신한다. * 시선은 하수 앞사선을 본다.				

37장단

동작					
악보					
호흡	V	V	V	Λ	Λ
플로어 패턴	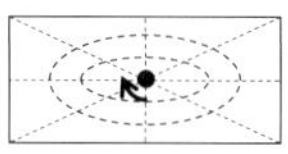				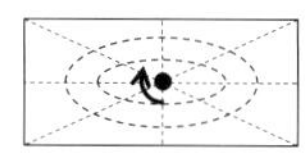
시선			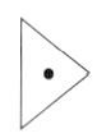		
설명	1, 2, 3박에 왼발 앞「찍기」한다. 4, 5박에 연속으로 왼발 앞「찍기」한다. * 시선은 하수 옆에서 뒤로 이동한다.				

38장단

동작					
악보					
호흡	●	●	●	●	V
플로어 패턴	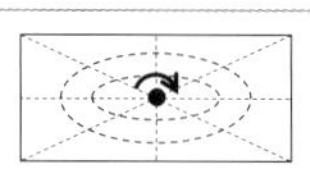				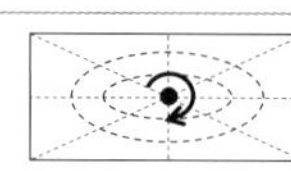
시선	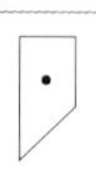				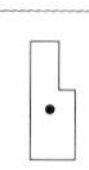
설명	1, 2, 3박에 오른쪽으로 돌아가며 연속으로 왼발 앞「찍기」한다. 4, 5박에 양팔은 아래로 내리며 굴신하여 돌고 정면에서 양발을 모아 호흡을 들이마신다. * 시선은 상수 뒷사선에서 정면으로 이동한다.				

39장단

동작					
악보					
호흡	∧	∧	∧	∧	∧
플로어 패턴	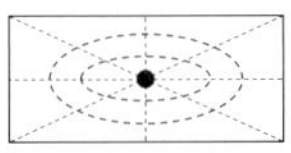				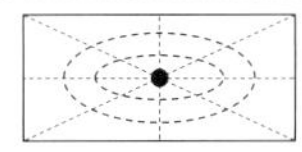
시선					
설명	1, 2, 3, 4, 5박에 양팔을 모아 내리며 굴신한다. * 시선은 정면을 본다.				

40장단

동작					
악보	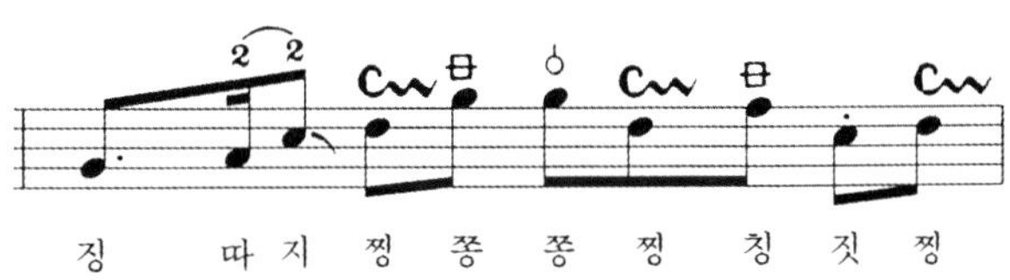				
호흡	V	V	∧	●	V
플로어 패턴	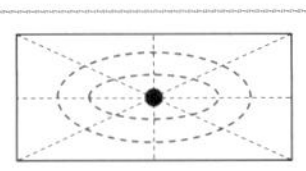			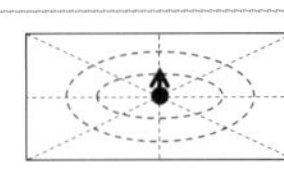	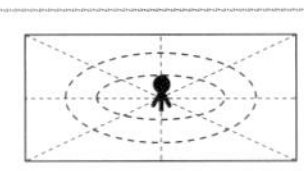
시선			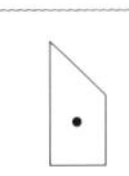		
설명	1, 2, 3박에 양손은 앞치마를 잡고 오른발 「들어돌리기」한다. 4, 5박에 오른발 뒷「겹디딤」한다. * 시선은 상수 앞사선을 본다.				

41장단

동작					
악보					
호흡	∧	∧	∧	∧	∧
플로어 패턴	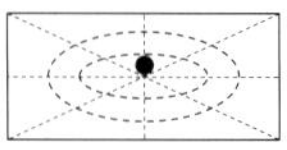				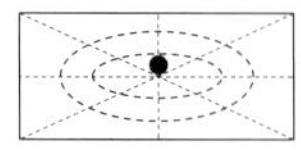
시선					
설명	1, 2, 3, 4, 5박에 정면에서 양손 앞치마를 잡고 굴신한다. * 시선은 정면을 본다.				

42장단

동작					
악보	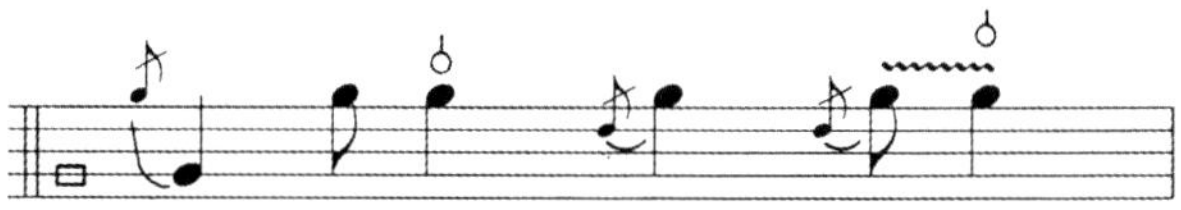				
호흡	∨	∨	∧	●	∧
플로어 패턴	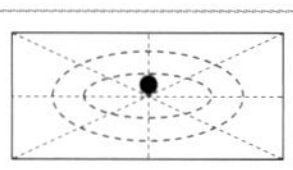			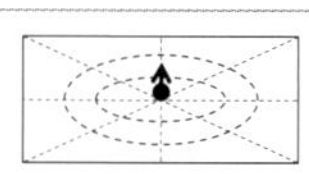	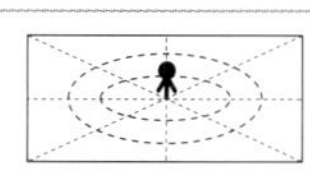
시선					
설명	1, 2, 3박에 왼발 「들어돌리기」한다. 4, 5박에 왼발 뒤「겹디딤」한 후 양발 모아 굴신한다. * 시선은 하수 앞사선을 본다.				

43장단

동작					
악보					
호흡	V	Λ	Λ	V	Λ
플로어 패턴	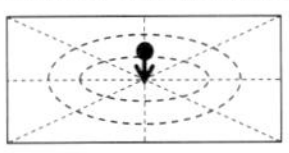				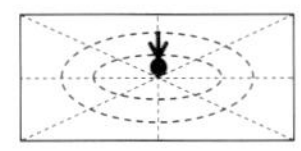
시선					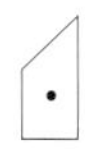
설명	1, 2, 3박에 오른발 들어 왼발 「돋움」 후 「들어돌리기」하여 딛는다. 4, 5박에 왼발 들어 오른발 「돋움」 후 「들어돌리기」하여 딛는다. * 시선은 상수 앞사선에서 하수 앞사선으로 이동한다.				

44장단

동작					
악보					
호흡	●	●	Λ	V	Λ
플로어 패턴	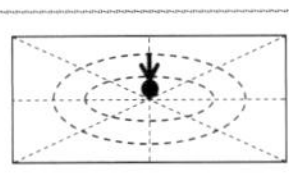				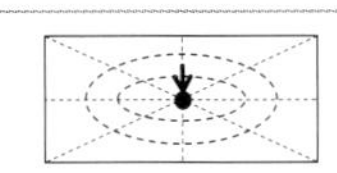
시선	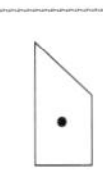		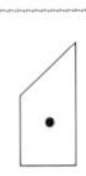		
설명	1, 2, 3박에 오른발, 왼발 「들어돌리기」하여 딛는다. 4, 5박에 오른발 「돋움깨끼」한다. * 시선은 상수 앞사선에서 하수 앞사선을 본 후 정면으로 이동한다.				

45장단

동작					
악보					
호흡	●	●	∧	∨	∧
플로어 패턴	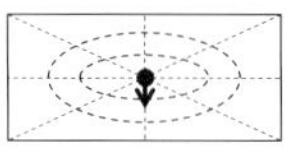				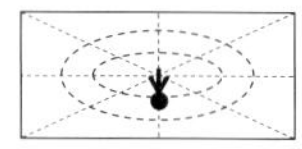
시선					
설명	1, 2, 3박에 왼발, 오른발 「들어돌리기」하여 딛는다. 4, 5박에 왼발 「돋움깨끼」한다. * 시선은 하수 앞사선에서 상수 앞사선을 본 후 정면으로 이동한다.				

46장단

동작					
악보					
호흡	●	●	●	●	∧
플로어 패턴	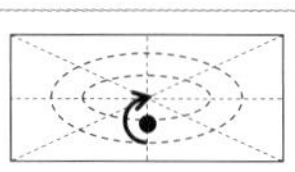				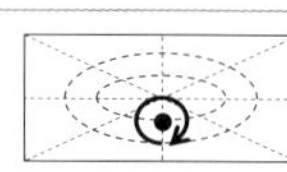
시선					
설명	1, 2, 3박에 오른쪽으로 제자리 「디딤돌기」한다. 4, 5박에 하수 앞사선으로 양팔을 내리며 굴신한다. * 시선은 하수 뒷사선에서 동작을 따라 하수 앞사선으로 이동한다.				

47장단

동작					
악보					
호흡	○	●	●	●	●
플로어 패턴	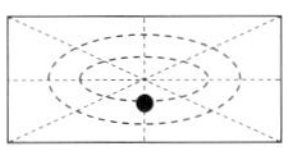				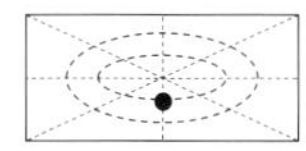
시선	◢	◢	◢	◢	◢
설명	1박에 오른발 들어올리며 왼손 앞뒤 치마를 잡는다. 2, 3, 4, 5박에 1박의 상태를 유지한다. * 시선은 하수 앞사선 아래를 본다.				

48장단

동작					
악보					
호흡	V	V	V	Λ	Λ
플로어 패턴	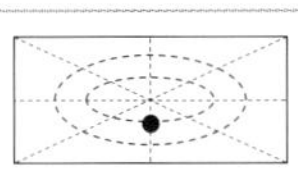				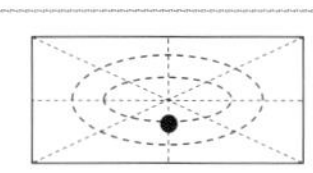
시선	◢	◢	◢	◢	◢
설명	1, 2, 3, 4, 5박에 호흡을 당기며 굴신한다. * 시선은 하수 앞사선 아래를 본다.				

49장단

동작					
악보					
호흡	Λ	Λ	Λ	Λ	Λ
플로어 패턴	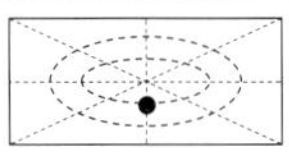				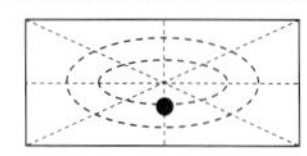
시선					
설명	1, 2, 3박에 호흡을 밀며 굴신한다. 4, 5박에 뒤로 당기며 굴신한다. * 시선은 하수 앞사선 아래를 본다.				

50장단

동작					
악보					
호흡	≷	≷	≷	Λ	V
플로어 패턴	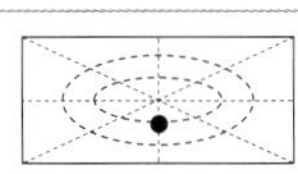				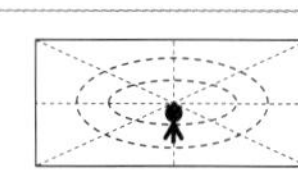
시선					
설명	1, 2, 3박에 「어름사위」하며 굴신한다. 4, 5박에 왼발 「밀어돋움하기」하며 왼손 아래 「엇사위」한 후 오른손 「허리감기사위」한다. * 시선은 하수 앞사선 아래를 본다.				

51장단

동작					
악보					
호흡	○	●	●	●	●
플로어 패턴	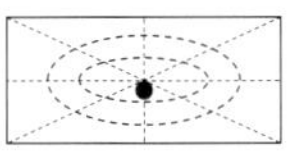				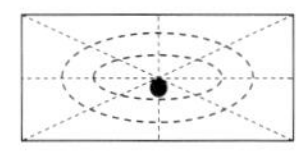
시선		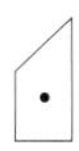	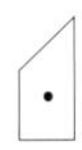		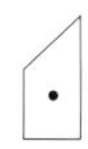
설명	1박에 오른손 앞뒤 치마 잡고 호흡을 멈춘다. 2, 3, 4, 5박에 1박의 상태를 유지한다. * 시선은 하수 앞사선을 본다.				

52장단

동작					
악보					
호흡	∨	∨	∨	∧	∧
플로어 패턴	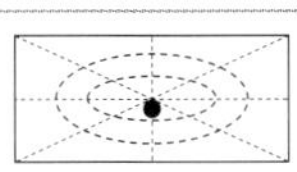				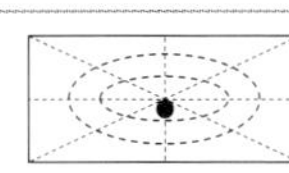
시선	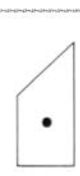	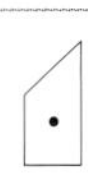		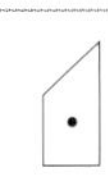	
설명	1, 2, 3, 4, 5박에 호흡을 당기며 굴신한다. * 시선은 하수 앞사선을 본다.				

53장단

동작					
악보					
호흡	∧	∧	∧	∧	∧
플로어 패턴	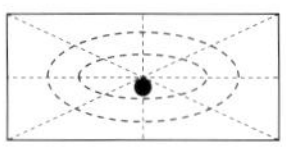				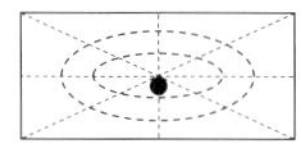
시선		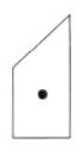	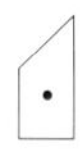		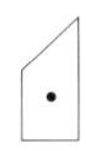
설명	1, 2, 3박에 호흡을 밀고 4, 5박에 호흡을 당기며 굴신한다. * 시선은 하수 앞사선을 본다.				

54장단

동작					
악보					
호흡	≥	≥	≥	≥	∧
플로어 패턴	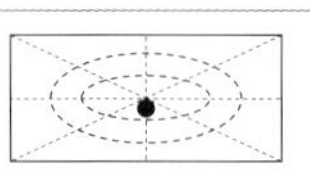				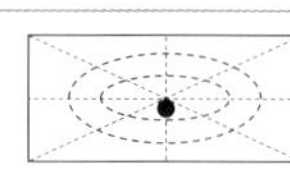
시선		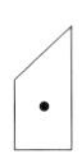		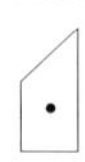	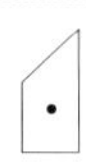
설명	1, 2, 3, 4, 5박에 「어름사위」하며 굴신한다. * 시선은 하수 앞사선을 본다.				

55장단

<table>
<tr><td>동작</td><td></td><td></td><td></td><td></td><td></td></tr>
<tr><td>악보</td><td colspan="5"></td></tr>
<tr><td>호흡</td><td>V</td><td>V</td><td>V</td><td>●</td><td>●</td></tr>
<tr><td>플로어 패턴</td><td>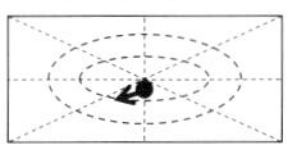</td><td></td><td></td><td></td><td>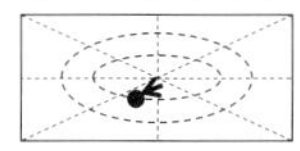</td></tr>
<tr><td>시선</td><td></td><td></td><td></td><td></td><td></td></tr>
<tr><td>설명</td><td colspan="5">1, 2, 3박에 상수 앞사선으로 오른발 들고 4, 5박에 걷는 「들어걷기」한다.
* 시선은 하수 앞사선을 본다.</td></tr>
</table>

56장단

<table>
<tr><td>동작</td><td></td><td></td><td></td><td></td><td></td></tr>
<tr><td>악보</td><td colspan="5"></td></tr>
<tr><td>호흡</td><td>V</td><td>V</td><td>V</td><td>●</td><td>●</td></tr>
<tr><td>플로어 패턴</td><td>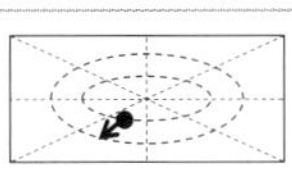</td><td></td><td></td><td></td><td>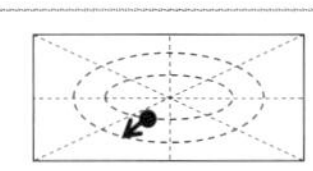</td></tr>
<tr><td>시선</td><td></td><td></td><td></td><td></td><td></td></tr>
<tr><td>설명</td><td colspan="5">1, 2, 3박에 상수 앞사선으로 오른발 들고 4, 5박에 걷는 「들어걷기」한다.
* 시선은 하수 앞사선을 본다.</td></tr>
</table>

57장단

구분					
동작					
악보					
호흡	●	●	●	●	∧
플로어 패턴	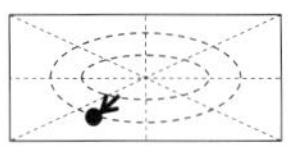				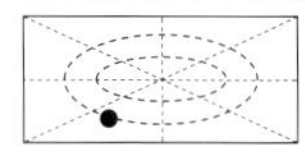
시선		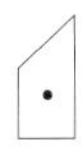			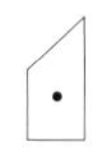
설명	1, 2, 3박에 오른발 「끌어붙임걸음」한다. 4, 5박에 연속으로 잦은 「끌어붙임걸음」한다. * 시선은 하수 앞사선을 본다.				

58장단

구분					
동작					
악보	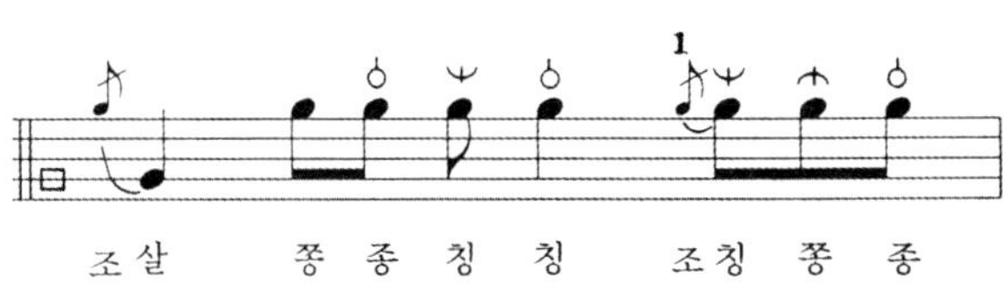				
호흡	●	●	●	●	●
플로어 패턴	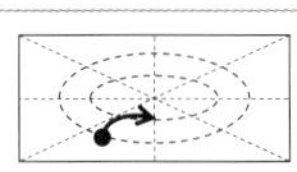				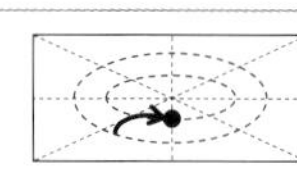
시선		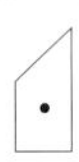	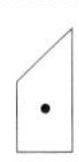		
설명	1, 2, 3박에 양팔로 앞뒤 몸통을 휘감아 제자리 「디딤돌기」하며 「회오리사위」를 시작한다. 4, 5박에 상수 앞사선으로 양팔 수평으로 펼치며 「잔걸음」한다. * 시선은 하수 앞사선에서 상수 앞사선으로 이동한다.				

59장단

동작					
악보					
호흡	∧	∧	∧	∨	∨
플로어 패턴	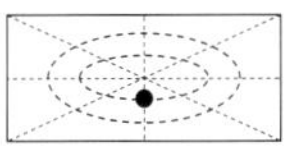			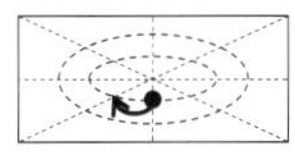	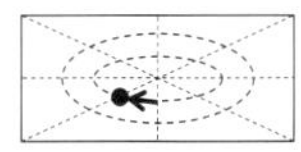
시선					
설명	1, 2, 3박에 오른발을 상수 앞사선으로 밀어 내딛으며 열린 「회오리사위」한다. 4, 5박에 뒷「돈움깨끼」하며 왼손 앞뒤 치마를 잡고 「회오리사위」를 마무리한다. * 시선은 상수 앞사선에서 정면으로 이동한다.				

60장단

동작					
악보					
호흡	●	●	●	●	●
플로어 패턴	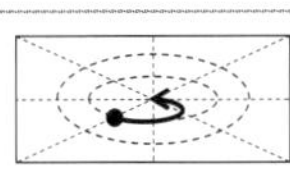				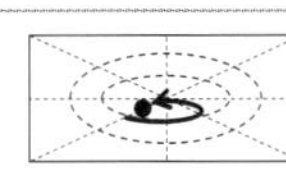
시선					
설명	1, 2, 3박에 양팔로 앞뒤 몸통을 휘감아 제자리 「디딤돌기」하며 「회오리사위」를 시작한다. 4, 5박에 하수 앞사선으로 양팔 수평으로 펼치며 「잔걸음」한다. * 시선은 상수 앞사선에서 하수 앞사선으로 이동한다.				

61장단

구분	1	2	3	4	5
동작					
악보	 쨍 쨍 쨍 쫑 살 쫑				
호흡	∧	∧	∧	∨	∨
플로어 패턴	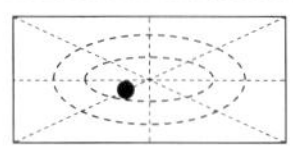			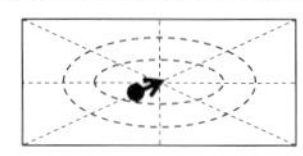	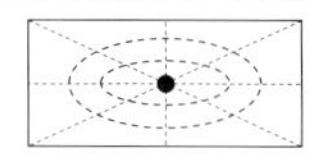
시선					
설명	1, 2, 3박에 왼발을 하수 앞사선으로 밀어 내딛으며 열린「회오리사위」한다. 4, 5박에 뒷「돋움깨끼」하며 오른손 앞뒤 치마를 잡고「회오리사위」를 마무리한다. * 시선은 하수 앞사선에서 정면으로 이동한다.				

62장단

구분	1	2	3	4	5
동작					
악보	 쨍 쨍 쨍 쫑 쨍 쨍 쨋 쫑 쫑				
호흡	●	●	●	●	●
플로어 패턴	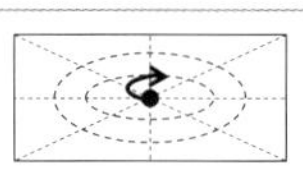				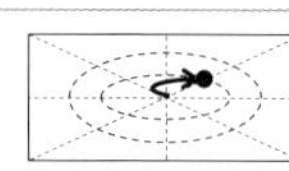
시선					
설명	1, 2, 3박에 양팔로 앞뒤 몸통을 휘감아 제자리「디딤돌기」하며 회오리사위를 시작한다. 4, 5박에 상수 앞사선으로 양팔 수평으로 펼치며「잔걸음」한다. * 시선은 하수 앞사선에서 상수 앞사선으로 이동한다.				

63장단

동작					
악보	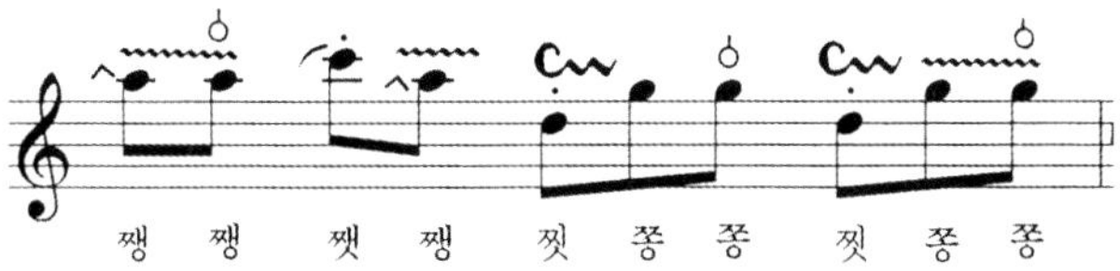				
호흡	∧	∧	∧	∨	∨
플로어 패턴	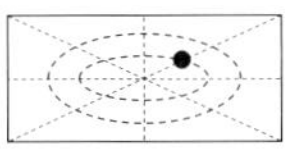			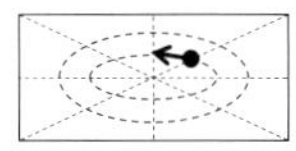	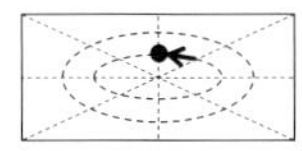
시선					
설명	1, 2, 3박에 오른발을 상수 앞사선으로 밀어 내딛으며 열린 「회오리사위」한다. 4, 5박에 뒷「돈움깨끼」하며 왼손 앞뒤 치마를 잡고 「회오리사위」를 마무리한다. * 시선은 상수 앞사선에서 정면으로 이동한다.				

64장단

동작					
악보					
호흡	●	●	●	●	●
플로어 패턴	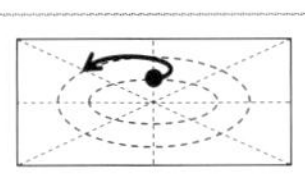				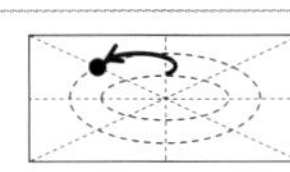
시선	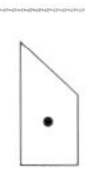				
설명	1, 2, 3박에 양팔로 앞뒤 몸통을 휘감아 제자리 「디딤돌기」하며 「회오리사위」를 시작한다. 4, 5박에 하수 앞사선으로 양팔 수평으로 펼치며 「잔걸음」한다. * 시선은 상수 앞사선에서 하수 앞사선으로 이동한다.				

65장단

동작					
악보	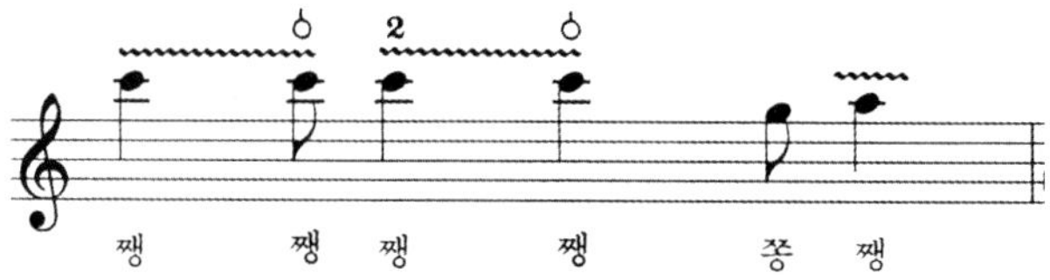				
호흡	∧	∧	∧	∨	∨
플로어 패턴	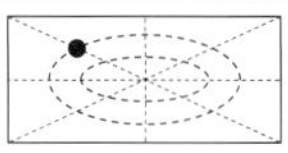			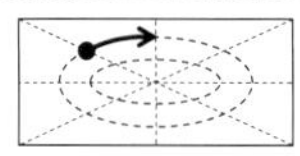	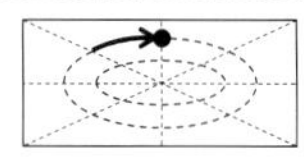
시선		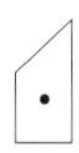		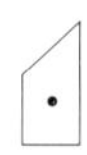	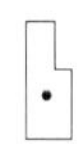
설명	1, 2, 3박에 왼발을 하수 앞사선으로 밀어 내딛으며 열린 「회오리사위」한다. 4, 5박에 뒷「돈움깨끼」하며 오른손 앞뒤 치마를 잡고 「회오리사위」를 마무리한다. * 시선은 하수 앞사선에서 정면으로 이동한다.				

66장단

동작					
악보					
호흡	●	●	●	●	∨
플로어 패턴	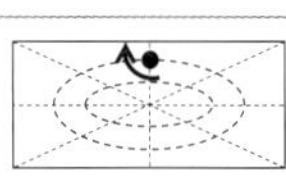				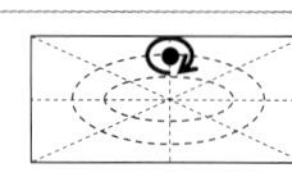
시선		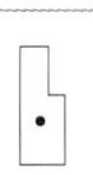			
설명	1, 2, 3, 4박에 오른쪽 「디딤돌기」한다. 5박에 정면에서 오른발 「들어돌리기」한다. * 시선은 정면에서 상수 앞사선으로 이동한다.				

67장단

동작					
악보					
호흡	●	●	●	●	●
플로어 패턴	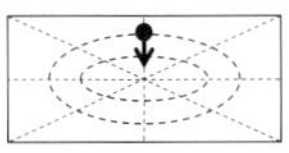				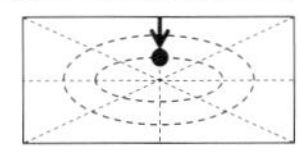
시선				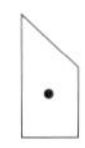	
설명	1, 2, 3, 4, 5박에 상수 앞사선으로 오른발 잦은 「끌어붙임걸음」한다. * 시선은 상수 앞사선을 본다.				

68장단

동작					
악보					
호흡	V	●	Λ	●	Λ
플로어 패턴	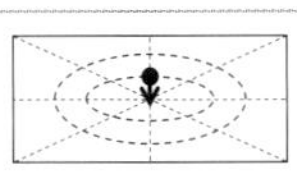				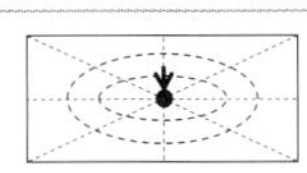
시선	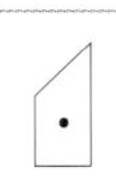	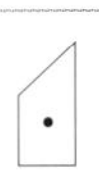			
설명	1, 2, 3, 4박에 하수 앞사선으로 왼발 잦은 「끌어붙임걸음」한다. 5박에 굴신한다. * 시선은 하수 앞사선에서 상수 앞사선으로 이동한다.				

69장단

동작					
악보					
호흡	V	V	V	∧	∧
플로어 패턴	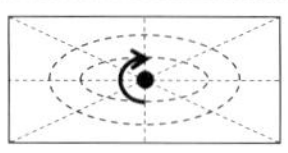				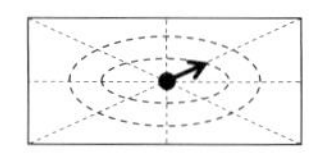
시선					
설명	1, 2, 3박에 오른발 「들어돌리기」한 후 오른쪽으로 180도 회전한다. 왼손은 옆치마를 잡고 오른팔은 수평으로 들어올린다. 4, 5박에 상수 뒷사선으로 오른발 잦은 「끌어붙임걸음」한다. * 시선은 하수 뒷사선을 본다.				

70장단

동작					
악보					
호흡	V	∧	∧	●	●
플로어 패턴	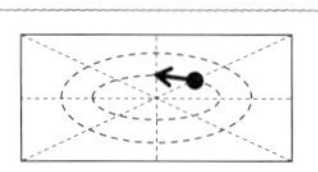			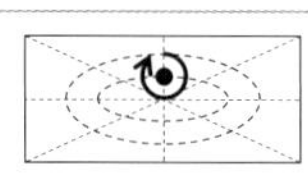	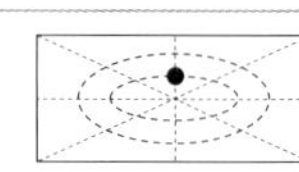
시선					
설명	1, 2, 3박에 하수 뒷사선으로 왼발 「겹디딤」한다. 4, 5박에 오른발 딛고 오른쪽으로 감아 돈 후 양팔을 내리며 굴신한다. * 시선은 동작을 따라 상수 뒷사선으로 이동한다.				

71장단

동작					
악보	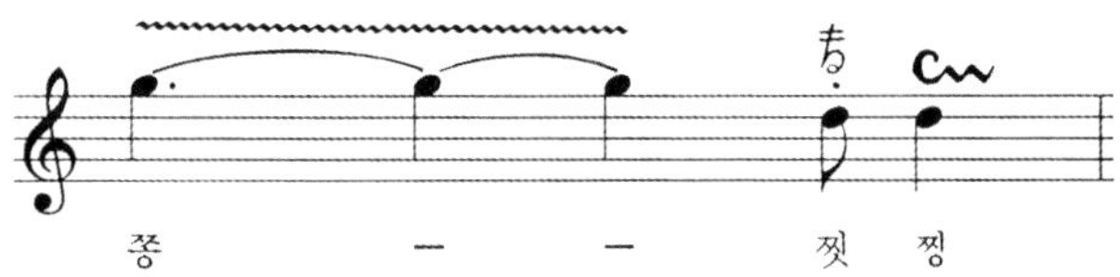				
호흡	V	V	V	Λ	Λ
플로어 패턴	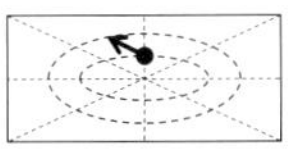				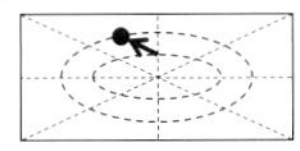
시선					
설명	1, 2, 3박에 왼발 「들어돌리기」한 후 오른손은 옆치마를 잡고 왼팔은 수평으로 들어올린다. 4, 5박에 하수 뒷사선으로 왼발 잦은 「끌어붙임걸음」한다. * 시선은 상수 뒷사선을 본다.				

72장단

동작					
악보					
호흡	V	Λ	Λ	●	●
플로어 패턴	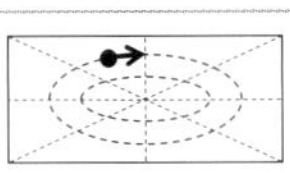			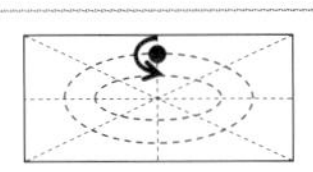	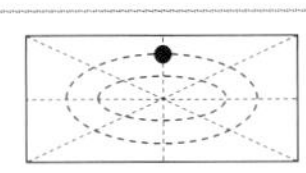
시선					
설명	1, 2, 3박에 상수 뒷사선으로 오른발 「겹디딤」한다. 4, 5박에 왼발 딛고 왼쪽으로 감아 돌며 양팔을 내린다. * 시선은 하수 뒷사선에서 동작을 따라 정면으로 이동한다.				

자진모리

자진모리는 1장단이 빠른 4박으로 구성되는 장이다. 춤사위는 「끌어붙임걸음」, 「찍기」, 「자진옆걸음」, 「감아디딤」, 「잔걸음」, 「끌어들기」, 「들어돌리기」, 「돋움깨끼」, 「모아앉은사위」, 「세발걸음」, 「배꽃사위」, 「여울사위」 등으로 구성되어 있으며 끊이지 않는 춤사위의 흐름과 빠른 잔걸음이 특징이다. 가야금 산조곡이 자진모리 장단에 이르면 음악은 점점 더 절정에 이르게 되며, 춤 또한 현란하게 넘나드는 가야금의 현 사이로 열정적이면서도 차갑고 복잡하면서도 단순한 움직임의 극과 극이 서로 만나 소통하는 일련의 과정을 보여준다. 움직이지 않으나 움직이고, 움직이나 움직이지 않는 깊은 사념의 춤이 이어지면서 깊은 호흡을 여지없이 보여준다. 이 춤사위에는 한국춤의 본(本)을 찾으려는 마음이 여실히 담겨 있다.

Jajinmori is the section where a phrase consists of 4 fast beats. The dancing is composed of "kkeureo-butchim georeum (dragging step)", "jjikgi (dotting)", "jagin-yeop georeum (fastly stepping sideway)", "gama didim (wrap and step)", "jan georeum (quick step)", "kkeureo-deulgi (pulling)", "deureo-dollgi (lift and turn)", "dodum-kkaekki (tiptoeing)", "moa-anjeun sawi (sitting)", "sebal georeum (three steps)", "baekkot sawi (pear blossom)", and "yeoul sawi (stream)". It is characterized by a constant flow of movement and fast quick steps. When the *gayageum sanjo* music reaches the *Jajinmori* section, the music becomes more and more culminated. The dance shows a series of processes in which simplicity and passion meets cool movements to the rhythm of the *gayageum*. It shows the deep breathing of contemplation as the dance moves even in stillness. In this stage, there is a desire to find the root of Korean dance.

1장단

동작				
악보	 			
호흡	V	V	V	Λ
플로어 패턴	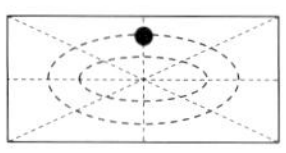			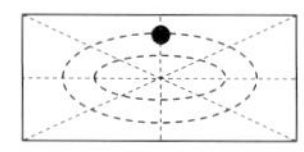
시선				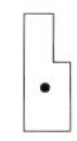
설명	1박에 오른발 「끌어붙임걸음」한다. 2, 3박에 호흡을 멈추고, 4박에 오른발 중심으로 굴신한다. * 시선은 정면을 본다.			

2장단

동작				
악보	 			
호흡	V	V	V	Λ
플로어 패턴	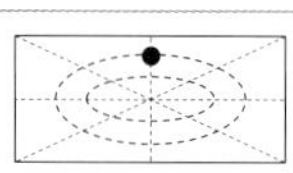			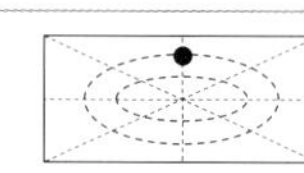
시선				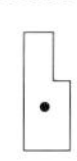
설명	1, 2박에 호흡을 들이마신다. 3, 4박에 호흡을 내쉬며 왼발 중심으로 굴신한다. * 시선은 정면을 본다.			

3장단

동작				
악보				
호흡	O	O	O	∧
플로어 패턴	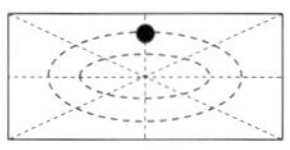			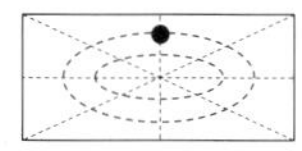
시선				
설명	1박에 오른발 앞「찍기」하며 양손 앞치마를 잡는다. 2, 3, 4박에 호흡을 멈춘다. * 시선은 정면을 본다.			

4장단

동작				
악보				
호흡	O	V	V	∧
플로어 패턴	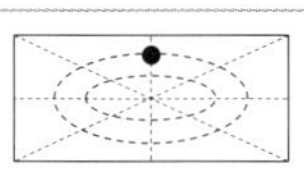			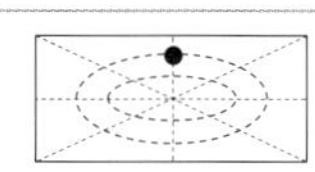
시선		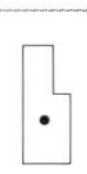	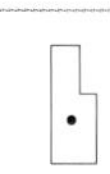	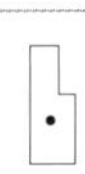
설명	1, 2박에 호흡을 들이마신다. 3, 4박에 호흡을 내쉬며 굴신한다. * 시선은 정면을 본다.			

5장단

동작				
악보				
호흡	O	∧	V	∧
플로어 패턴	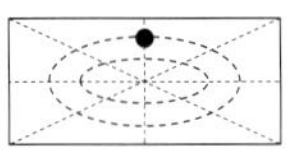			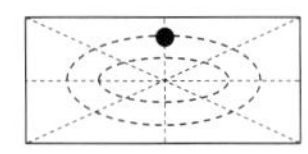
시선			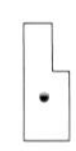	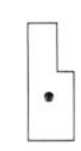
설명	1박에 오른발 앞「찍기」한다. 2, 3, 4박에「어름사위」하며 호흡을 들이마신다. * 시선은 상수 앞사선에서 하수 앞사선으로 이동한다.			

6장단

동작				
악보				
호흡	●	∧	V	∧
플로어 패턴	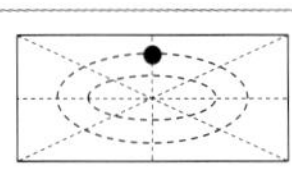			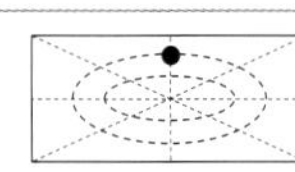
시선				
설명	1, 2, 3박에「어름사위」하며 호흡을 들이마신다. 4박에 굴신한다. * 시선은 상수 앞사선에서 하수 앞사선으로 이동한다.			

7장단

동작				
악보				
호흡	●	∨	∧	∧
플로어 패턴	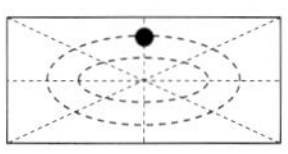			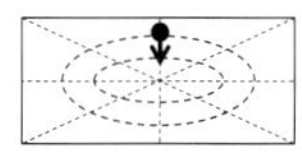
시선				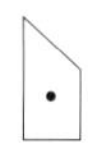
설명	1, 2, 3, 4박에 오른발 「장전걸음」한다. * 시선은 정면에서 상수 앞사선으로 이동한다.			

8장단

동작				
악보				
호흡	●	∨	●	∧
플로어 패턴	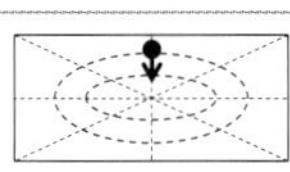			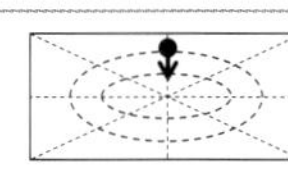
시선		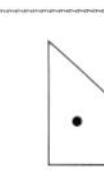	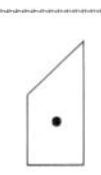	
설명	1, 2박에 왼발을 모아 「디딤」한다. 3, 4박에 굴신한다. * 시선은 상수 앞사선에서 하수 앞사선으로 이동한다.			

9장단

동작				
악보				
호흡	●	●	●	ʌ
플로어 패턴	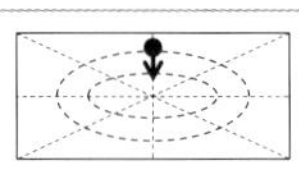			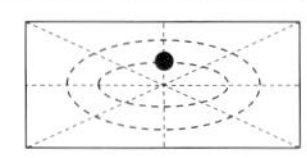
시선				
설명	1, 2박에 오른발 「중전걸음」한다. 3, 4박에 왼발을 모으며 굴신한다. * 시선은 상수 앞사선에서 하수 앞사선으로 이동한다.			

10장단

동작				
악보				
호흡	●	ʌ	ʌ	ʌ
플로어 패턴	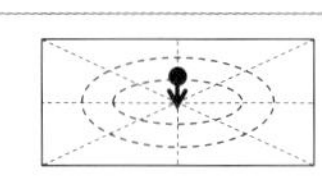			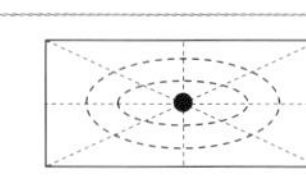
시선			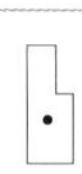	
설명	1, 2박에 오른발 「끌어붙임걸음」한다. 3, 4박에 오른발 두 번 「끌어붙임걸음」한다. * 시선은 정면을 본다.			

11장단

동작				
악보				
호흡	●	●	●	∧
플로어 패턴	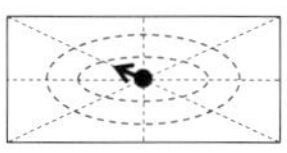			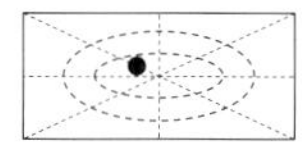
시선				
설명	1, 2, 3, 4박에 하수 뒷사선으로 오른발 「자진옆걸음」한다. * 시선은 상수 앞사선을 본다.			

12장단

동작				
악보				
호흡	●	●	●	∧
플로어 패턴	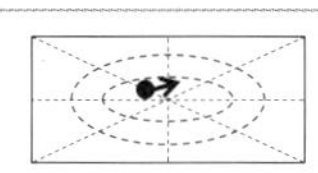			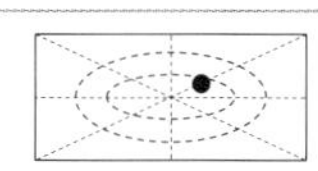
시선				
설명	1, 2, 3, 4박에 상수 뒷사선으로 왼발 「자진옆걸음」한다. * 시선은 하수 앞사선을 본다.			

13장단

동작				
악보				
호흡	●	●	●	∧
플로어 패턴	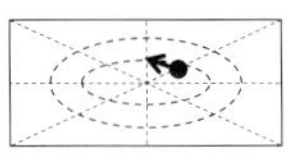			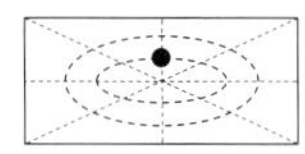
시선				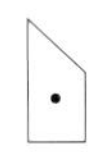
설명	1, 2, 3, 4박에 하수 뒷사선으로 오른발 「자진옆걸음」한다. * 시선은 상수 앞사선을 본다.			

14장단

동작				
악보				
호흡	●	O	V	∧
플로어 패턴	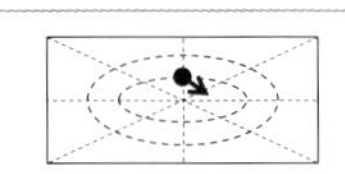			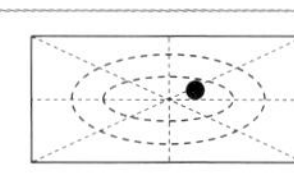
시선	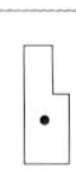			
설명	1, 2박에 하수 앞사선으로 왼발 앞「찍기」한다. 3, 4박에 양손 치마를 놓으며 상수 앞사선으로 왼발, 오른발 「디딤」한 후 굴신한다. * 시선은 정면에서 상수 앞사선으로 이동한다.			

15장단

동작				
악보				
호흡	●	∧	○	○
플로어 패턴	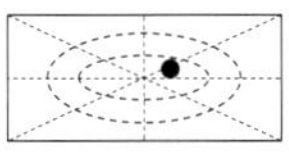			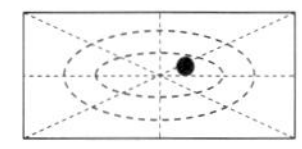
시선				
설명	1박에 왼발 들어올리며 오른손은 앞치마를 잡고 왼팔은 하수 뒷사선 아래로 들어올린다. 2, 3, 4박에 호흡을 멈춘다. * 시선은 상수 앞사선을 본다.			

16장단

동작				
악보				
호흡	○	○	○	∧
플로어 패턴	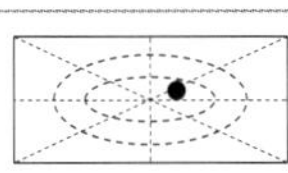			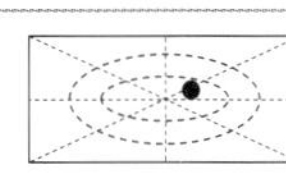
시선		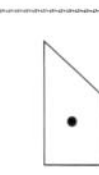	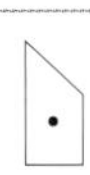	
설명	1, 2박에 호흡을 들이마신다. 3, 4박에 호흡을 내쉬며 굴신한다. * 시선은 상수 앞사선을 본다.			

17장단

동작				
악보				
호흡	V	∧	V	∧
플로어 패턴	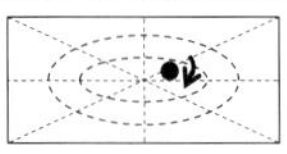			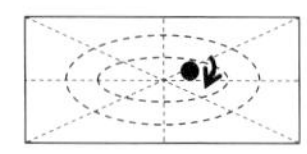
시선			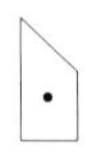	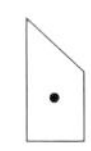
설명	1, 2박에 왼발 앞「찍기」하며 오른쪽으로 돌아간다. 3, 4박에 1, 2박을 반복한다. * 시선은 상수 앞사선에서 정면으로 이동한다.			

18장단

동작				
악보				
호흡	●	●	●	∧
플로어 패턴	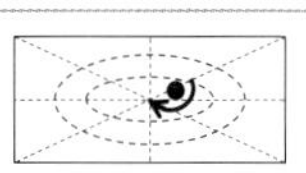			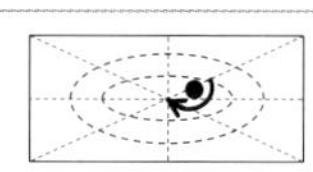
시선		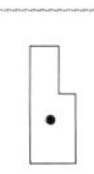	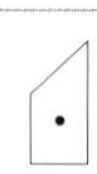	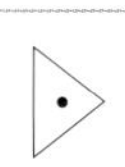
설명	1박에 왼발 앞「찍기」하며 오른쪽으로 돌아간다. 2박에 왼발 앞「찍기」하고, 3박에 왼발 앞「찍기」한다. 4박에 왼발 앞「찍기」하고 하수 앞사선에서 왼손 「허리감기사위」하며 굴신한다. * 시선은 정면에서 하수 뒷사선으로 이동한다.			

19장단

구분	1	2	3	4
동작				
악보				
호흡	●	●	●	∧
플로어 패턴	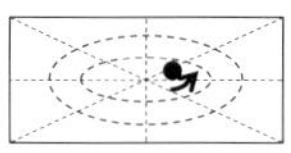			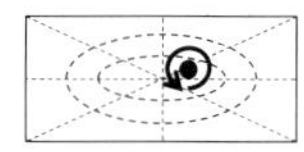
시선			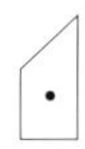	
설명	1, 2박에 왼손을 허리선에서 돌려 감으며 왼발을 딛는다. 3박에「감아디딤」하며 돈다. 4박에 오른팔을 상수 앞사선으로 내리며 굴신한다. * 시선은 동작을 따라 상수 앞사선을 본다.			

20장단

구분	1	2	3	4
동작				
악보				
호흡	V	V	V	V
플로어 패턴	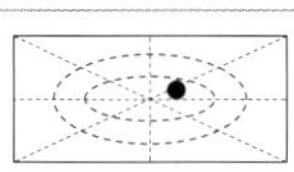			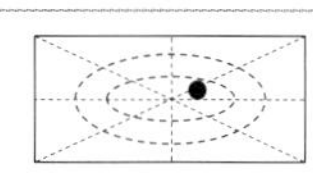
시선			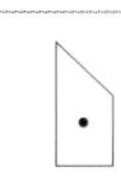	
설명	1, 2, 3, 4박에 하수 앞사선으로 오른발을 서서히 들어올린다. * 시선은 상수 앞사선을 본다.			

21장단

<table>
<tr><td>동작</td><td></td><td></td><td></td><td></td></tr>
<tr><td>악보</td><td colspan="4"></td></tr>
<tr><td>호흡</td><td>V</td><td>V</td><td>Λ</td><td>Λ</td></tr>
<tr><td>플로어 패턴</td><td>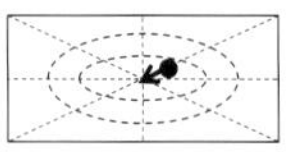</td><td></td><td></td><td>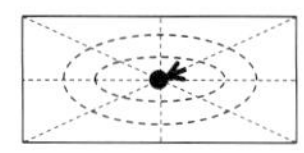</td></tr>
<tr><td>시선</td><td></td><td></td><td></td><td></td></tr>
<tr><td>설명</td><td colspan="4">1, 2박에 오른발 들어 왼발 「돋움」한다.
3, 4박에 하수 앞사선으로 「잔걸음」하여 굴신한다.
* 시선은 상수 앞사선을 본다.</td></tr>
</table>

22장단

<table>
<tr><td>동작</td><td></td><td></td><td></td><td></td></tr>
<tr><td>악보</td><td colspan="4"></td></tr>
<tr><td>호흡</td><td>O</td><td>O</td><td>Λ</td><td>Λ</td></tr>
<tr><td>플로어 패턴</td><td>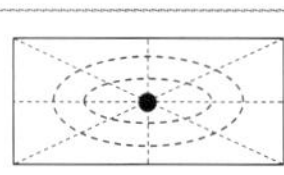</td><td></td><td></td><td>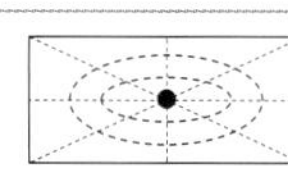</td></tr>
<tr><td>시선</td><td></td><td></td><td></td><td></td></tr>
<tr><td>설명</td><td colspan="4">1, 2박에 하수 앞사선으로 왼발 딛고 호흡을 정지한다.
3, 4박에 오른발 모으며 굴신한다.
* 시선은 상수 앞사선을 본다.</td></tr>
</table>

23장단

동작				
악보				
호흡	●	V	●	●
플로어 패턴	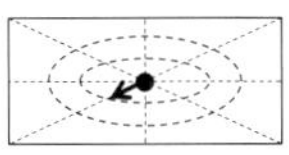			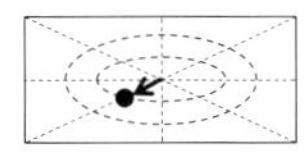
시선				
설명	1, 2박에 오른발 「끌어들기」하며 「들어돌리기」한다. 3, 4박에 하수 앞사선으로 「잔걸음」한다. * 시선은 상수 앞사선을 본다.			

24장단

동작				
악보				
호흡	●	V	●	Λ
플로어 패턴	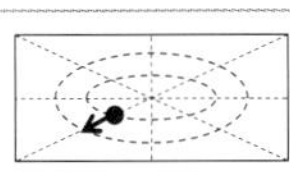			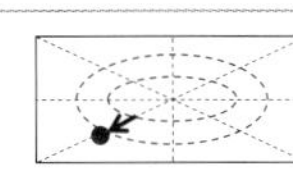
시선		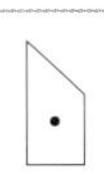		
설명	1, 2박에 오른발 「끌어들기」하며 「들어돌리기」한다. 3, 4박에 하수 앞사선으로 「잔걸음」한 후 양팔을 내리며 굴신한다. * 시선은 상수 앞사선을 본다.			

25장단

동작				
악보				
호흡	V	Λ	Λ	Λ
플로어 패턴	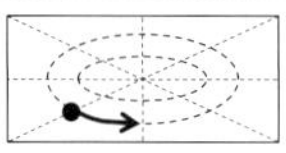			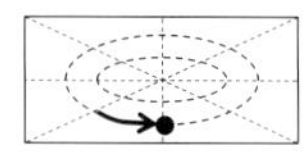
시선				
설명	1박에 오른손은 옆치마를 잡고 왼손은 가슴선으로 들어올리며 호흡을 들이마신다. 2, 3, 4박에 호흡을 내쉬며 왼손 손등을 돌려 내리고 왼쪽으로 회오리 형태의 원을 그리며 「잔걸음」한다. * 시선은 하수 앞사선에서 하수 뒷사선으로 이동한다.			

26장단

동작				
악보	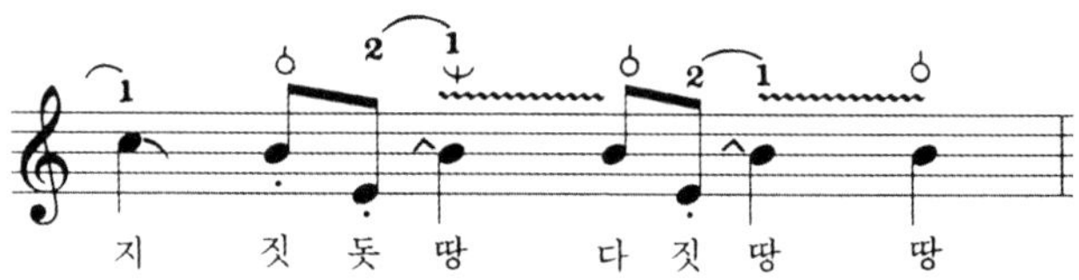			
호흡	Λ	Λ	Λ	Λ
플로어 패턴	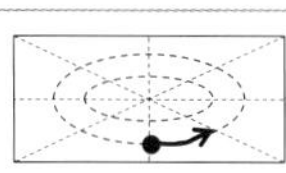			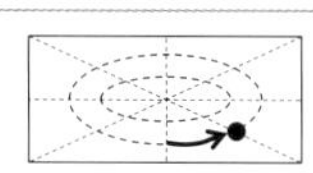
시선				
설명	1, 2, 3, 4박에 왼손을 수평으로 들어올리고 연속적으로 회오리 형태의 원을 그리며 「잔걸음」한다. * 시선은 동작을 따라 하수 뒷사선을 본다.			

27장단

동작				
악보				
호흡	V	V	V	V
플로어 패턴	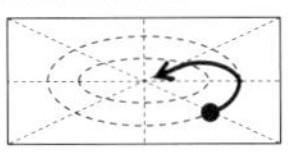			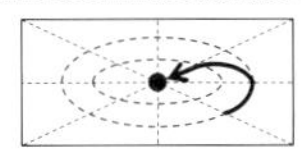
시선		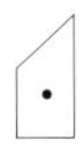	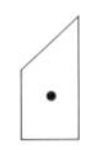	
설명	1, 2, 3, 4박에 왼손을 하수 앞사선 위로 들어올리고 연속적으로 회오리 형태의 원을 그리며 「잔걸음」한다. * 시선은 하수 정면을 본다.			

28장단

동작				
악보				
호흡	∧	∧	●	∧
플로어 패턴	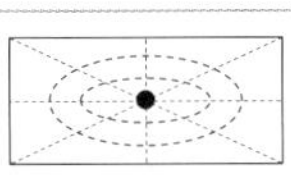		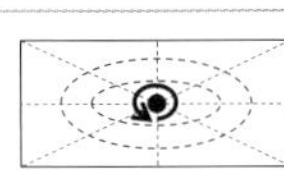	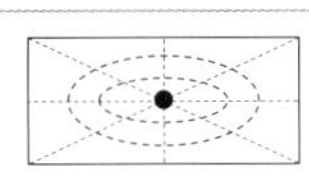
시선			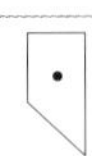	
설명	1, 2박에 수평에서 왼손 「돌려감기사위」한다. 3, 4박에 회오리의 원 중심에서 왼발 「감아디딤」한다. 머리 위에서 오른손 「돌려감기사위」하며 내린 후 왼손 「허리감기사위」하며 굴신한다. * 시선은 동작을 따라 정면을 본다.			

29장단

동작				
악보				
호흡	∧	∧	∨	∨
플로어 패턴	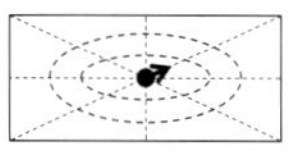	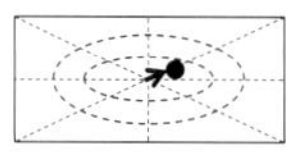		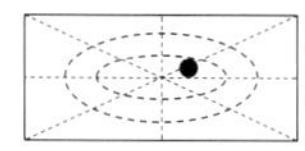
시선			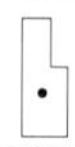	
설명	1박에 왼손은 옆치마를 잡고 상수 뒷사선으로 왼발부터 뒷「세발걸음」한다. 2박에 오른손 손바닥을 수평으로 들어올리고 오른발, 왼발 뒷「돋움깨끼」한다. 3, 4박에 호흡을 멈춘다. * 시선은 정면을 본다.			

30장단

동작				
악보				
호흡	∨	∨	∧	∧
플로어 패턴	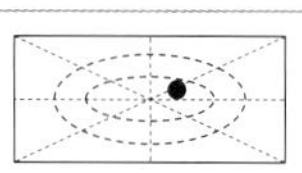			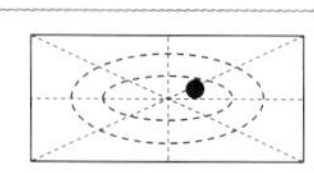
시선				
설명	1, 2박에 오른팔을 들어올리며 호흡을 들이마신다. 3, 4박에 오른손「돌려감기사위」하고 호흡을 내쉬며 굴신한다. * 시선은 정면을 본다.			

31장단

동작				
악보				
호흡	∧	∨	∧	∧
플로어 패턴	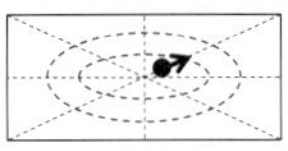	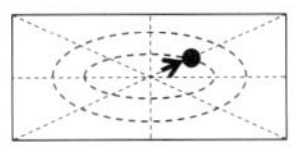		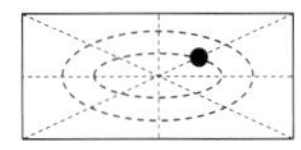
시선				
설명	1박에 상수 뒷사선으로 왼발부터 뒷「세발걸음」한다. 2박에 오른손 손등을 수평으로 들어올리고 오른발, 왼발 뒷「돋움깨끼」한다. 3, 4박에 호흡을 내쉬며 굴신한다. * 시선은 정면을 본다.			

32장단

동작				
악보				
호흡	∨	∧	∨	∧
플로어 패턴	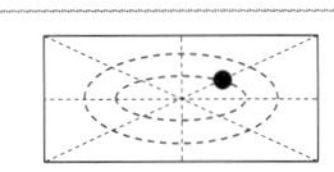			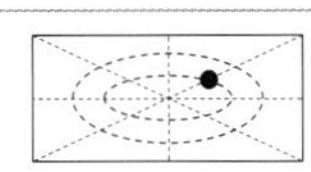
시선				
설명	1, 2박에 오른쪽으로 밀며 굴신한다. 3, 4박에 왼쪽으로 당기며 굴신한다. * 시선은 정면을 본다.			

33장단

동작				
악보				
호흡	V	Λ	V	Λ
플로어 패턴	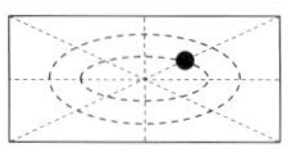			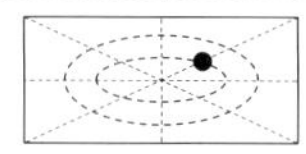
시선				
설명	1, 2박에 오른쪽으로 밀며 굴신한다. 3, 4박에 왼쪽으로 당기며 굴신한다. * 시선은 정면을 본다.			

34장단

동작				
악보	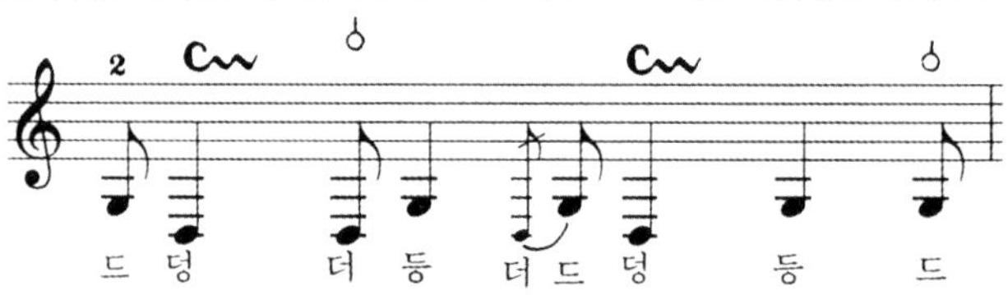			
호흡	≧	≧	V	●
플로어 패턴	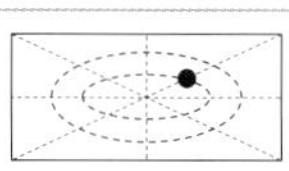		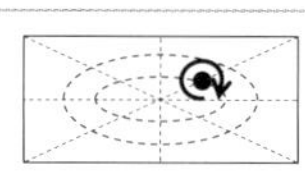	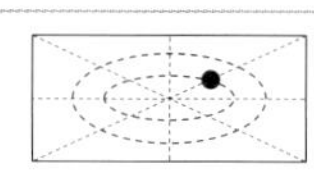
시선				
설명	1, 2박에 오른팔을 밀고 당기며 굴신한 후 「모아앉은사위」한다. 3박에 오른팔을 수평으로 펼치며 오른쪽으로 360도 돌아 일어난다. 4박에 양팔을 내리며 굴신한다. * 시선은 동작을 따라 하수 앞사선을 본다.			

35장단

<table>
<tr><td>동작</td><td></td><td></td><td></td><td></td></tr>
<tr><td>악보</td><td colspan="4"></td></tr>
<tr><td>호흡</td><td>∧</td><td>∧</td><td>∧</td><td>∧</td></tr>
<tr><td>플로어 패턴</td><td>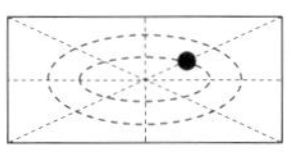</td><td></td><td></td><td>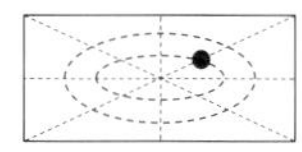</td></tr>
<tr><td>시선</td><td></td><td></td><td></td><td></td></tr>
<tr><td>설명</td><td colspan="4">1박에 왼팔은 하수 앞사선으로 들고 왼발은 오른발 앞에 딛는다.
2, 3, 4박에 왼발 중심으로 이동한다.
* 시선은 하수 앞사선을 본다.</td></tr>
</table>

36장단

<table>
<tr><td>동작</td><td></td><td></td><td></td><td></td></tr>
<tr><td>악보</td><td colspan="4"></td></tr>
<tr><td>호흡</td><td>●</td><td>∧</td><td>∨</td><td>∨</td></tr>
<tr><td>플로어 패턴</td><td>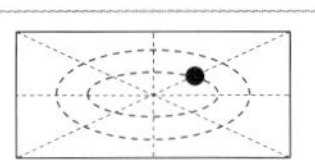</td><td></td><td></td><td>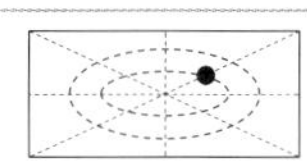</td></tr>
<tr><td>시선</td><td></td><td></td><td></td><td>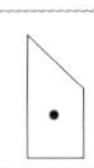</td></tr>
<tr><td>설명</td><td colspan="4">1박에 오른발을 왼발 앞으로 딛는다.
2박에 오른팔을 상수 뒷사선으로 들어올리며 오른발 중심을 이동한다.
3, 4박에 왼손「허리감기사위」하며 상수 뒷사선으로 뒷「잔걸음」한 후 굴신한다.
* 시선은 하수 앞사선에서 정면으로 이동한다.</td></tr>
</table>

37장단

동작				
악보				
호흡	●	●	●	●
플로어 패턴	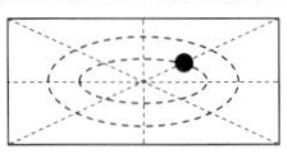			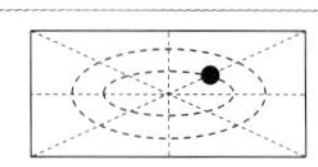
시선			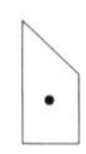	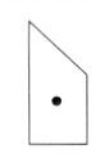
설명	1박에 왼손 아래 「엇사위」하고 상수 앞사선으로 왼발 「끌어붙임걸음」한다. 2, 3, 4박에 호흡을 정지한다. * 시선은 상수 앞사선을 본다.			

38장단

동작				
악보				
호흡	●	∧	∨	∧
플로어 패턴	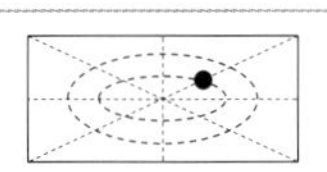			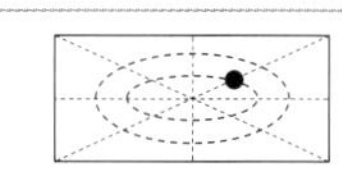
시선	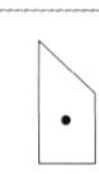	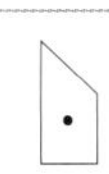		
설명	1, 2박에 왼손 뒷「몸통감기사위」하며 호흡을 들이마시고 내쉬며 굴신한다. 3박에 양팔 펼쳐 왼손 아래 「엇사위」하며 뒷「세발걸음」한다. 4박에 양팔을 내리며 굴신한다. * 시선은 상수 앞사선을 본다.			

39장단

동작				
악보				
호흡	●	V	●	●
플로어 패턴	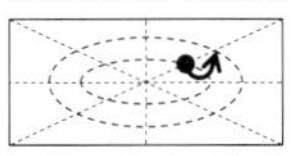			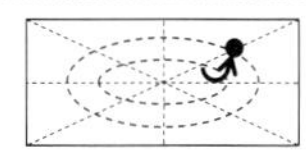
시선				
설명	1, 2, 3, 4박에 왼팔은 수평, 오른팔은 머리 위로 들어올리고 왼쪽으로 큰 반원을 그리기 시작하며 90도까지 「잔걸음」한다. * 시선은 동작을 따라 상수 뒷사선으로 이동한다.			

40장단

동작				
악보				
호흡	●	∧	●	●
플로어 패턴	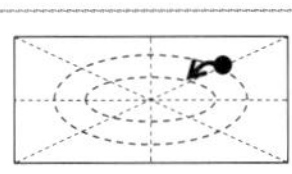			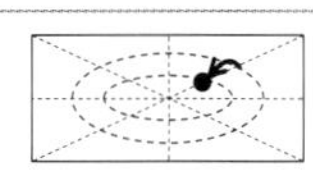
시선				
설명	1, 2, 3, 4박에 왼손 뒷「몸통감기사위」하며 연속으로 180도까지 「잔걸음」한다. * 시선은 동작을 따라 하수 뒷사선으로 이동한다.			

41장단

동작				
악보				
호흡	V	Λ	V	Λ
플로어 패턴	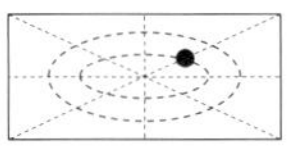		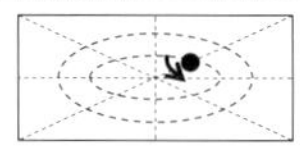	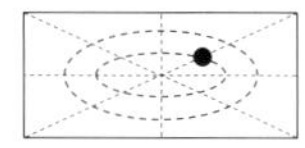
시선				
설명	1, 2박에 오른손은 뒤로 밀어내리고 왼손「돌려감기사위」하며 뒷「잔걸음」한다. 3박에 양팔을 수평으로 들어올리며 왼쪽으로 돈다. 4박에 정면에서 오른손「허리감기사위」하며 굴신한다. * 시선은 동작을 따라 상수 앞사선으로 이동한다.			

42장단

동작				
악보				
호흡	V	V	Λ	V
플로어 패턴	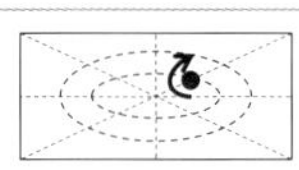			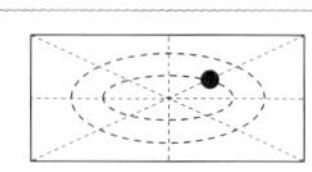
시선				
설명	1, 2, 3, 4박에 오른쪽으로 돌아 뒷정면에서「짧은배꽃사위」한다. * 시선은 상수 앞사선, 하수 앞사선, 상수 뒷사선으로 이동한다.			

43장단

동작				
악보				
호흡	V	●	●	∧
플로어 패턴	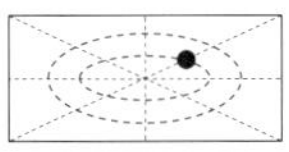			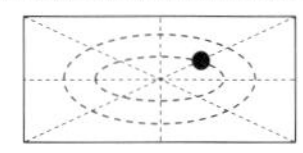
시선				
설명	1, 2박에 양손을 모아 머리 위로 들고 제자리에서 왼발 앞「찍기」한다. 3, 4박에 굴신한다. * 시선은 상수 뒷사선에서 상수 정면을 본다.			

44장단

동작				
악보				
호흡	V	∧	V	∧
플로어 패턴	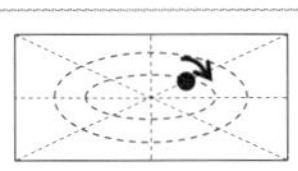			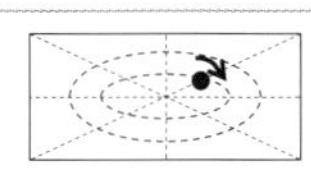
시선				
설명	1박에 왼발 앞딛으며 오른쪽으로 돌아가고, 2박에 굴신한다. 3박에 왼발 앞딛으며 오른쪽으로 돌아가고, 4박 굴신한다. * 시선은 상수 앞사선을 본다.			

45장단

동작				
악보	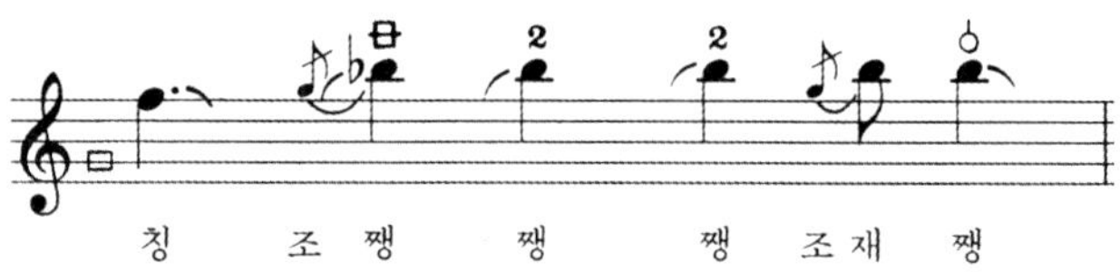			
호흡	●	●	●	V
플로어 패턴	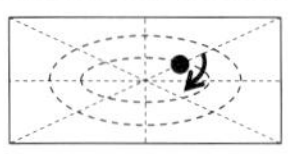			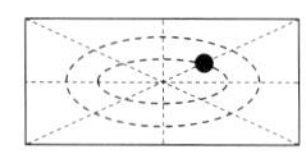
시선				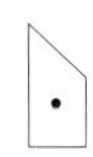
설명	1, 2, 3박에 양팔은 반원으로 그려 내리고 연속으로 앞딛으며 하수 앞사선으로 돌아간다. 4박에 왼손 아래「엇사위」하며 오른발 들어 왼발「돋움」한다. * 시선은 상수 앞사선, 정면, 상수 앞사선을 본다.			

46장단

동작				
악보	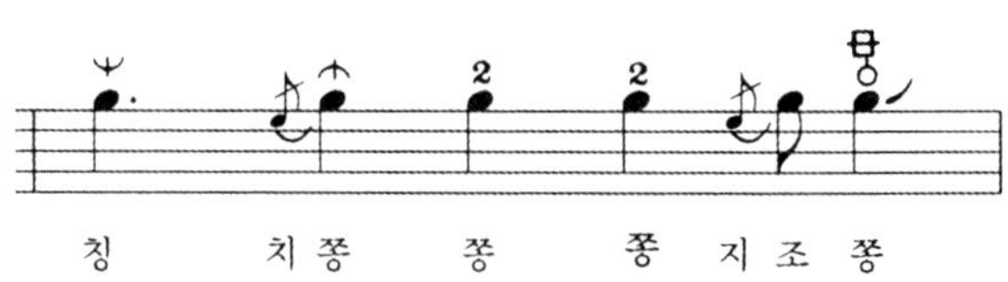			
호흡	Λ	V	V	V
플로어 패턴	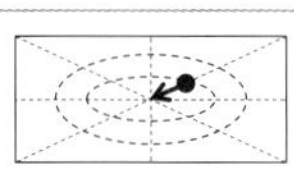			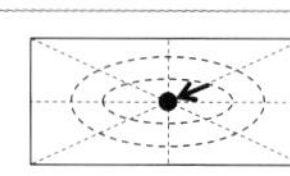
시선			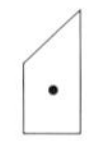	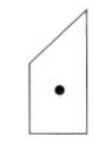
설명	1, 2, 3, 4박에 하수 앞사선으로「잔걸음」하며 오른손, 왼손을 순차적으로 앞뿌리는「어울사위」를 시작한다. * 시선은 상수 앞사선에서 하수 앞사선으로 이동한다.			

47장단

동작				
악보	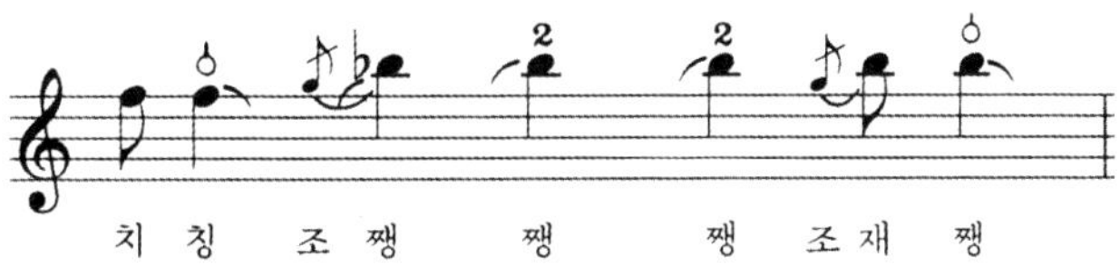			
호흡	∧	∧	●	●
플로어 패턴	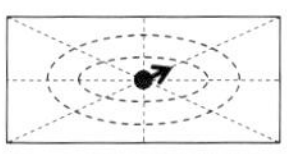			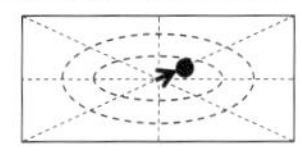
시선				
설명	1, 2, 3, 4박에 상수 뒷사선으로 뒷「잔걸음」한 후 양팔을 뒤로 모아 돌며 「여울사위」를 마무리한다. * 시선은 하수 앞사선에서 상수 앞사선으로 이동한다.			

48장단

동작				
악보	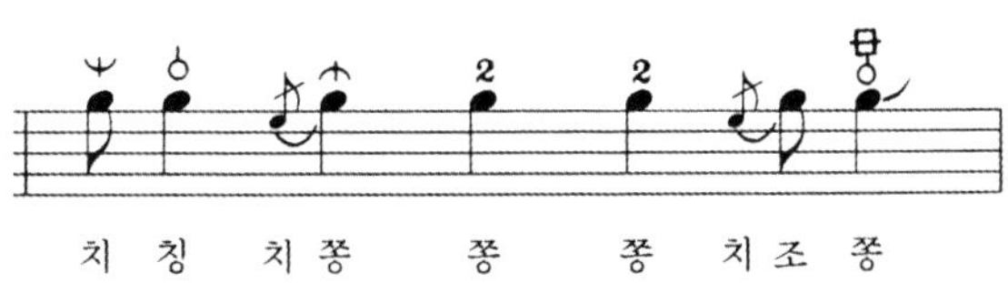			
호흡	∧	∨	∨	∨
플로어 패턴	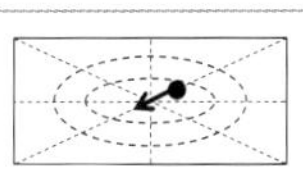			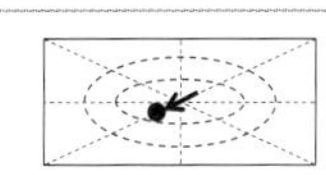
시선				
설명	1, 2, 3, 4박에 하수 앞사선으로 「잔걸음」하며 오른손, 왼손을 순차적으로 앞뿌리는 「여울사위」를 시작한다. * 시선은 상수 앞사선에서 하수 앞사선으로 이동한다.			

49장단

동작				
악보	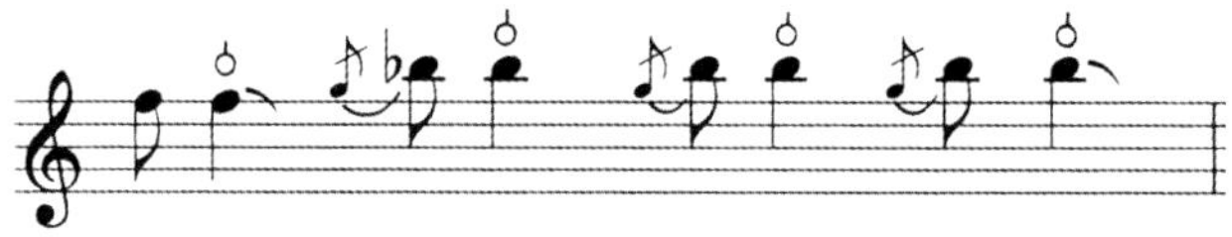			
호흡	∧	∧	●	●
플로어 패턴	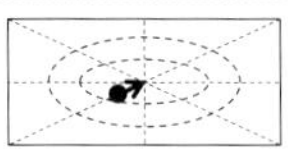			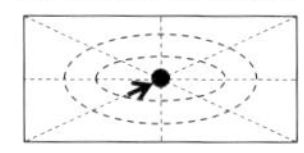
시선				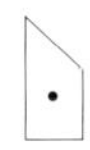
설명	1, 2, 3, 4박에 상수 뒷사선으로 뒷「잔걸음」한 후 양팔을 뒤로 모아 돌며 「여울사위」를 마무리한다. * 시선은 하수 앞사선에서 상수 앞사선으로 이동한다.			

50장단

동작				
악보				
호흡	∧	∨	∨	∨
플로어 패턴	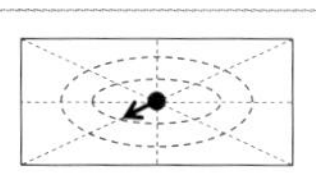			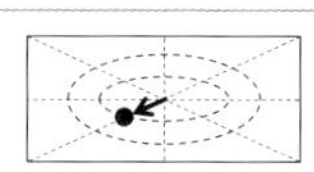
시선	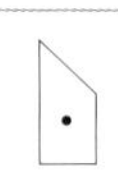	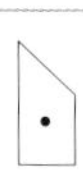		
설명	1, 2, 3, 4박에 하수 앞사선으로 「잔걸음」하며 오른손, 왼손을 순차적으로 앞뿌리는 「여울사위」를 시작한다. * 시선은 상수 앞사선에서 하수 앞사선으로 이동한다.			

51장단

구분				
동작				
악보				
호흡	∧	∧	●	●
플로어 패턴	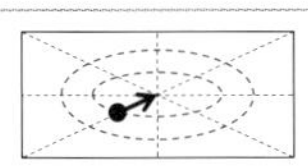			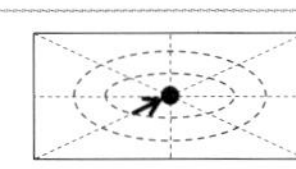
시선		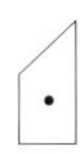	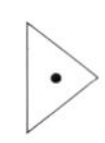	
설명	1, 2, 3, 4박에 상수 뒷사선으로 뒷「잔걸음」한 후 양팔을 뒤로 모아 돌며 「여울사위」를 마무리한다. * 시선은 하수 앞사선에서 상수 뒷사선으로 이동한다.			

52장단

구분				
동작				
악보				
호흡	∧	∨	∨	∨
플로어 패턴	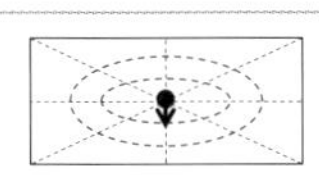			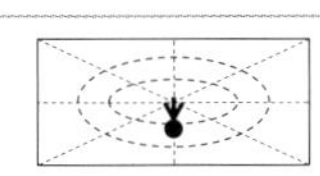
시선		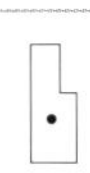	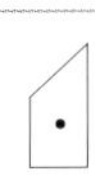	
설명	1, 2, 3, 4박에 오른발 앞「디딤」하며 오른손은 머리 위로 돌려 감는 「배꽃사위」를 시작한다. * 시선은 상수 뒷사선에서 하수 앞사선으로 이동한다.			

53장단

동작				
악보				
호흡	∧	∨	∨	∧
플로어 패턴	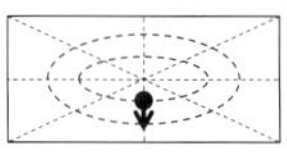			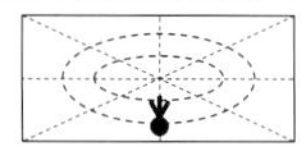
시선				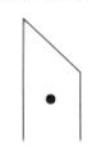
설명	1, 2박에 왼발, 오른발을 순차적으로 「디딤」하며 왼손, 오른손을 머리 위로 휘감아 올린다. 3박에 왼발을 딛으며 왼손은 머리 위로 들어올린다. 4박에 양팔을 모아 돌린 후 굴신하는 「배꽃사위」를 마무리한다. * 시선은 상수 뒷사선, 하수 뒷사선, 상수 앞사선으로 이동한다.			

54장단

동작				
악보				
호흡	∨	∨	∧	∧
플로어 패턴	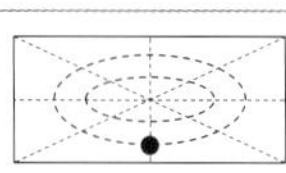			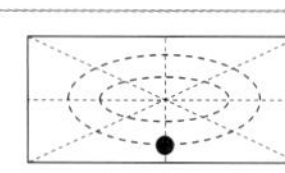
시선				
설명	1, 2박에 양손을 모아 머리 위로 들고 오른발 앞 「찍기」한다. 3, 4박에 굴신한다. * 시선은 상수 앞사선을 본다.			

55장단

동작				
악보				
호흡	V	V	Λ	Λ
플로어 패턴	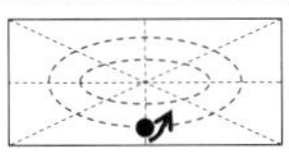			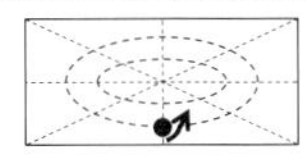
시선				
설명	1, 2박에 왼쪽으로 돌며 오른발 앞「찍기」한 후 굴신한다. 3, 4박에 1, 2박을 반복한다. * 시선은 동작을 따라 상수 뒷사선으로 이동한다.			

56장단

동작				
악보				
호흡	●	●	●	Λ
플로어 패턴	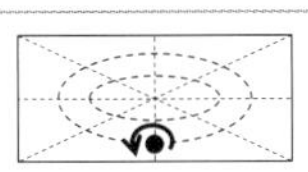			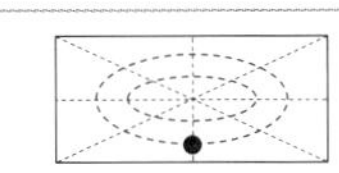
시선				
설명	1, 2, 3박에 양팔은 반원을 그려 내리고 오른발은 왼쪽으로 잦은 앞딛기하며 정면으로 돌아온다. 4박에 오른손「허리감기사위」하며 굴신한다. * 시선은 동작을 따라 상수 뒷사선으로 이동한다.			

휘모리

휘모리는 1장단이 빠른 4박으로 구성되며 자진모리보다 빠른 템포로 진행되는 장이다. 춤사위는 「돋움깨끼」, 「밀어돋움하기」, 「잔걸음」, 「돌려감기사위」, 「까치뛰기」, 「끌어붙임걸음」, 「디딤돌기」, 「배꽃흩날림사위」, 「겹디딤」 등으로 구성되어 있으며 호흡의 정점을 이루는 춤사위와 빠른 발디딤의 전개가 특징이다. 휘모리는 가야금 산조곡의 절정을 표현하는 장단으로, 가벼운 손놀림으로 가야금 현 사이를 넘나드는 것이 특징이다. 이에 맞춰 구성된 움직임 역시 천상으로의 지향을 표현한 가벼운 춤사위로, 무대 가득 빠른 발놀림으로 누비고 다니며 감정을 승화시킨다. 자연의 바람이 빨라지듯 인간의 호흡도 빨라지며 소요와 침묵 속에 가볍게 날아오른다.

Hwimori is faster than *Jajinmori* with a phrase consisting of 4 fast beats. The dancing is comprised of "dodum-kkaekki (tiptoeing)", "mireo-dodumhagi (push and tiptoe)", "jan georeum (quick step)", "dollyeo-gamgi sawi (turn and wrap)", "kkachi-ttwigi (magpie jump)", "kkeureo-buchim georeum (dragging step)", "didim dolgi (step and turn)", "baekkot-heunnallim sawi (flying pear blossom)", and "gyeop didim (double step)". It is characterized by the development of fast steps which is the apex of breathing. *Hwimori* is the section that expresses the climax of the *gayageum sanjo*. It is characterized by light hand movements that travel among the *gayageum* strings. In the same way, the movement shows the celestial sphere and travels the stage with fast and light steps. As the wind of nature accelerates, the breath of human beings accelerates and flies lightly in silence.

1장단

동작				
악보				
호흡	●	●	●	∧
플로어 패턴	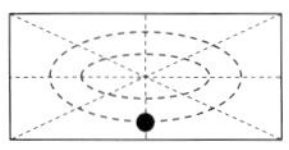		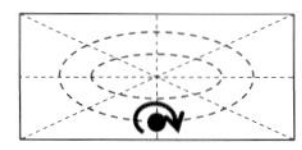	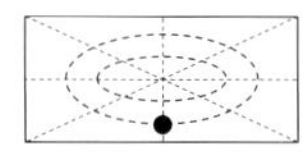
시선			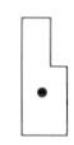	
설명	1, 2박에 왼손은 옆치마를 잡고 오른손은 가슴선으로 들어올리며 오른발 앞「디딤」한 후 굴신한다. 3, 4박에 호흡을 들이마시며 왼발「끌어붙임걸음」하고 오른손은 머리 위로 돌려 감는다. * 시선은 상수 뒷사선에서 정면으로 이동한다.			

2장단

동작				
악보				
호흡	V	V	V	V
플로어 패턴	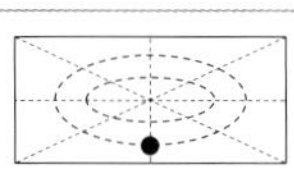			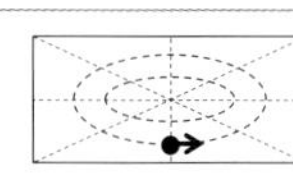
시선			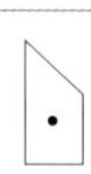	
설명	1, 2, 3, 4박에 왼발부터「잔걸음」하고 오른손은 머리 뒤로 밀어내리며 왼쪽으로 원을 그리기 시작한다. * 시선은 정면에서 상수 앞사선으로 이동한다.			

3장단

동작				
악보				
호흡	Λ	Λ	V	V
플로어 패턴	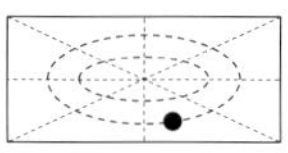			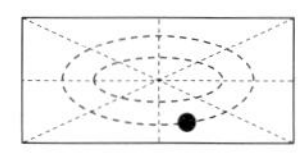
시선			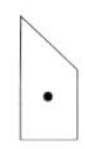	
설명	1, 2박에 오른발을 밀어낸다. 3박에 뒷「돋움깨끼」한다. 4박에 왼손 앞뒤 치마를 잡으며 호흡을 멈춘다. * 시선은 상수 앞사선을 본다.			

4장단

동작				
악보				
호흡	Λ	●	●	●
플로어 패턴	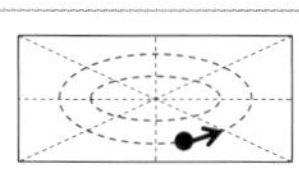			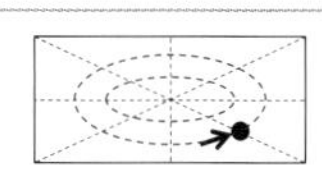
시선		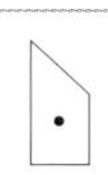		
설명	1, 2, 3, 4박에 연속으로 왼발부터 원을 그리며 「잔걸음」한다. * 시선은 동작을 따라 상수 정면으로 이동한다.			

5장단

동작				
악보				
호흡	●	●	●	●
플로어 패턴	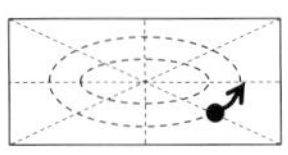			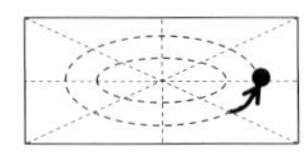
시선	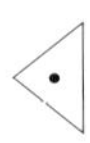		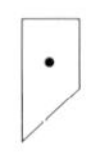	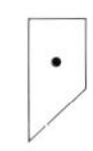
설명	1, 2, 3, 4박에 연속으로 원을 그리며 90도까지 「잔걸음」한다. * 시선은 상수 뒷사선을 본다.			

6장단

동작				
악보				
호흡	●	●	V	V
플로어 패턴	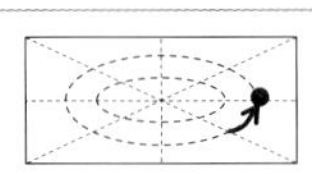			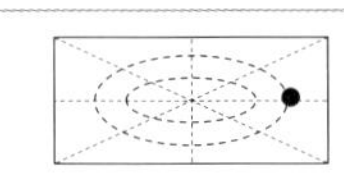
시선		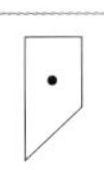		
설명	1, 2박에 오른발을 밀어낸다. 3, 4박에 뒷「돋움깨끼」한 후 호흡을 멈춘다. * 시선은 상수 뒷사선을 본다.			

7장단

동작				
악보				
호흡	∧	●	●	●
플로어 패턴	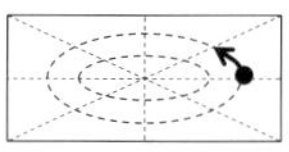			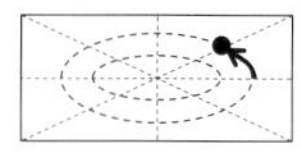
시선			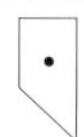	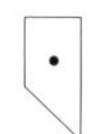
설명	1, 2, 3, 4박에 연속으로 「잔걸음」한다. * 시선은 동작을 따라 하수 뒷사선을 본다.			

8장단

동작				
악보	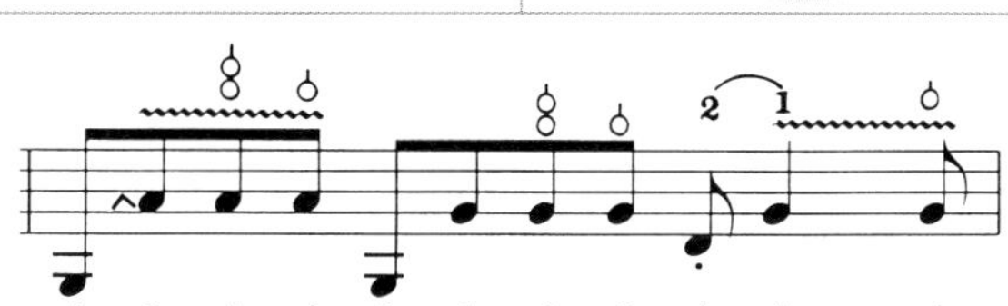			
호흡	●	●	∨	∨
플로어 패턴	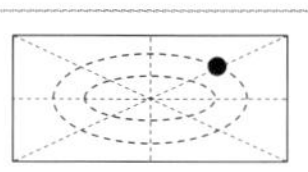			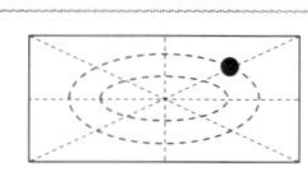
시선			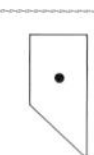	
설명	1, 2박에 오른발을 밀어낸다. 3, 4박에 뒷「돈움깨끼」한 후 호흡을 멈춘다. * 시선은 하수 뒷사선을 본다.			

9장단

동작				
악보				
호흡	●	●	●	●
플로어 패턴	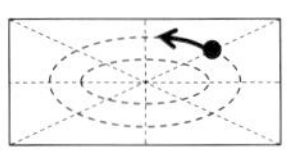			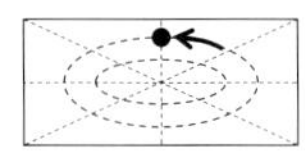
시선				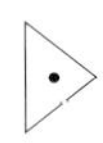
설명	1, 2, 3, 4박에 연속으로 「잔걸음」한다. * 시선은 동작을 따라 하수 정면을 본다.			

10장단

동작				
악보				
호흡	●	●	V	V
플로어 패턴	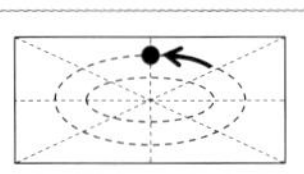			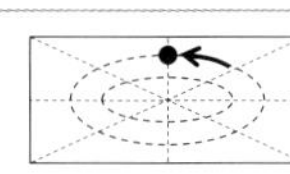
시선	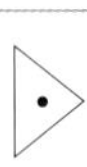			
설명	1, 2박에 오른발을 밀어낸다. 3, 4박에 뒷「돈움깨끼」한 후 호흡을 멈춘다. * 시선은 하수 앞사선을 본다.			

11장단

동작				
악보				
호흡	●	●	●	●
플로어 패턴	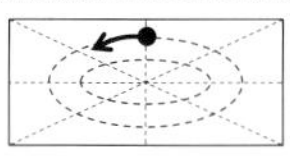			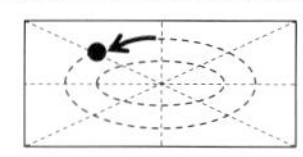
시선		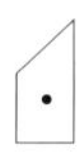		
설명	1, 2, 3, 4박에 연속으로 원을 그리며 180도까지 「잔걸음」한다. * 시선은 동작을 따라 정면을 본다.			

12장단

동작				
악보				
호흡	O	●	●	V
플로어 패턴	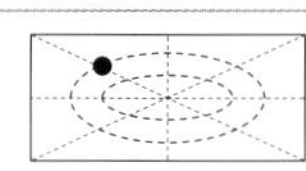	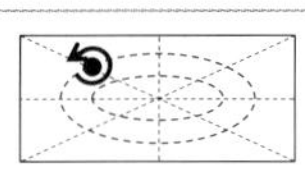		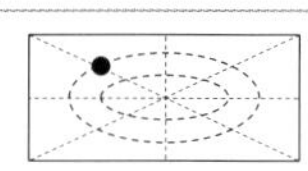
시선				
설명	1박에 오른발 앞딛는다. 2, 3박에 왼쪽으로 오른발 감아 360도 돈다. 4박에 호흡을 들이마시며 오른팔은 하수 뒷사선 아래로 편다. * 시선은 동작을 따라 하수 뒷사선을 본다.			

13장단

동작				
악보				
호흡	●	●	∧	∧
플로어 패턴	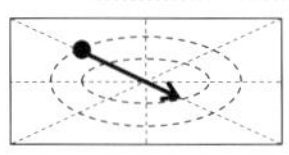			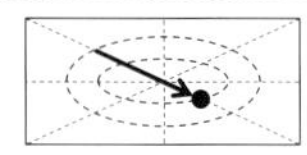
시선		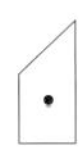		
설명	1, 2, 3, 4박에 오른팔을 하수 뒷사선 아래에서 상수 앞사선으로 반원을 그리며 왼발부터 「잔걸음」한다. * 시선은 하수 뒷사선에서 상수 앞사선으로 이동한다.			

14장단

동작				
악보				
호흡	○	●	●	●
플로어 패턴	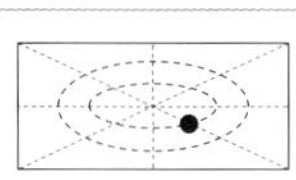			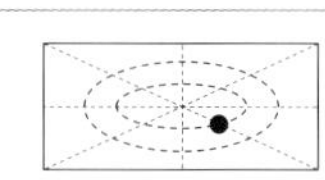
시선				
설명	1박에 왼발과 오른팔을 상수 앞사선으로 들어올려 호흡을 멈춘다. 2, 3, 4박에 1박의 상태를 유지한다. * 시선은 상수 앞사선을 본다.			

15장단

동작				
악보				
호흡	∧	∧	∧	∧
플로어 패턴	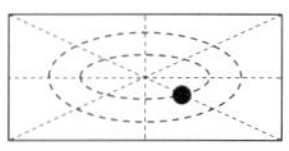			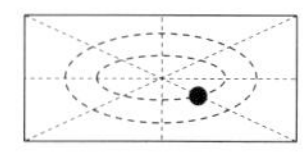
시선			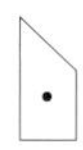	
설명	1, 2, 3, 4박에 오른손「돌려감기사위」하며 왼발을 들어올린 상태에서 서서히 굴신하기 시작한다. * 시선은 상수 앞사선을 본다.			

16장단

동작				
악보				
호흡	∧	∧	∧	∧
플로어 패턴	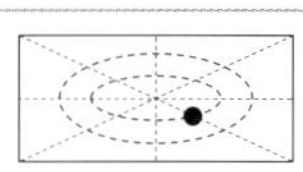			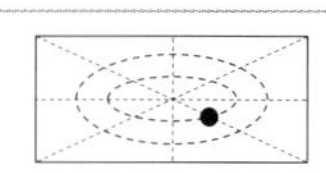
시선				
설명	1, 2, 3, 4박에 오른손을 수평까지 내리며 왼발을 들어올린 상태에서 서서히 굴신한다. * 시선은 상수 앞사선을 본다.			

17장단

동작				
악보				
호흡	∧	∧	∧	∧
플로어 패턴	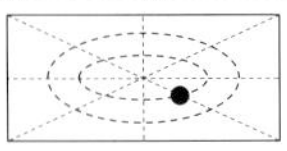			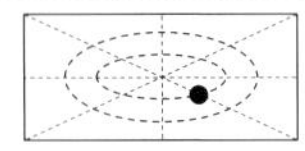
시선				
설명	1, 2박에 오른손을 사선 아래로 내리며 왼발을 들어올린 상태에서 서서히 굴신한다. 3, 4박에 왼발 중심으로 딛어 굴신한다. * 시선은 상수 앞사선을 본다.			

18장단

동작				
악보				
호흡	∨	●	●	∧
플로어 패턴	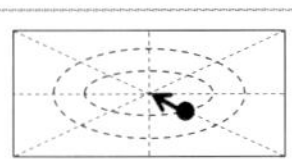			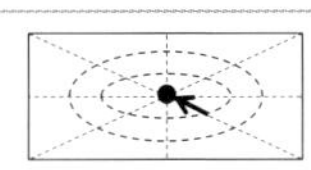
시선	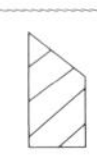		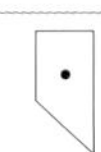	
설명	1박에 왼팔 아래「엇사위」하고 상수 뒷사선으로 반원을 그리며 오른발「들어돌리기」한다. 2, 3박에 상수 뒷사선으로「잔걸음」한다. 4박에 왼손「허리감기사위」하며 굴신한다. * 시선은 상수 앞사선에서 상수 뒷사선으로 이동한다.			

19장단

동작				
악보				
호흡	V	●	●	∧
플로어 패턴	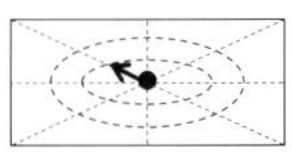			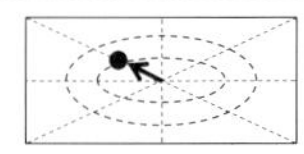
시선		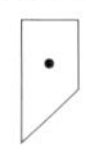		
설명	1, 2박에 오른손은 옆치마를 잡고 왼팔은 가슴선으로 들어올리며 왼발 「들어돌리기」한다. 3, 4박에 왼팔은 수평에서 손바닥을 밀어내며 하수 뒷사선으로 「잔걸음」한다. * 시선은 상수 뒷사선에서 하수 뒷사선으로 이동한다.			

20장단

동작				
악보				
호흡	V	●	●	∧
플로어 패턴	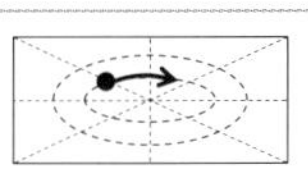			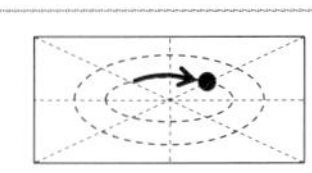
시선	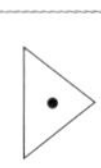	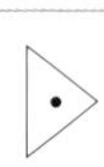	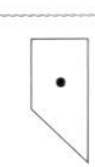	
설명	1, 2박에 왼팔은 손등으로 당기며 상수 뒷사선으로 오른발 「들어돌리기」한다. 3, 4박에 「잔걸음」한다. * 시선은 하수 정면에서 뒷정면으로 이동한다.			

21장단

동작				
악보				
호흡	V	Λ	V	Λ
플로어 패턴	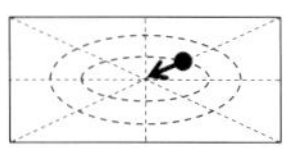	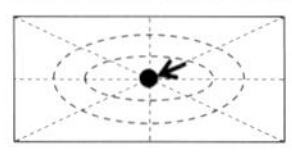	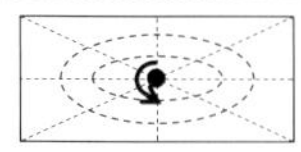	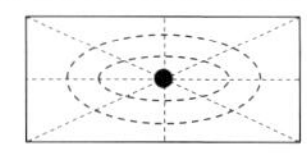
시선	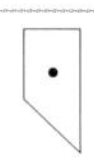	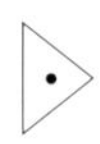		
설명	1, 2박에 하수 뒷사선으로 왼손「돌려감기사위」하며 왼발을 딛는다. 3박에 양팔을 수평으로 펼치고 오른발 앞딛으며 왼쪽으로 감아 돈다. 4박에 오른손「허리감기사위」하며 정면에서 굴신한다. * 시선은 하수 뒷사선에서 상수 뒷사선으로 이동한다.			

22장단

동작				
악보				
호흡	Λ	V	Λ	Λ
플로어 패턴	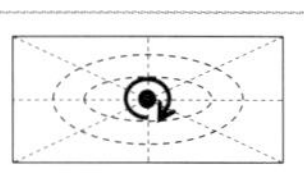			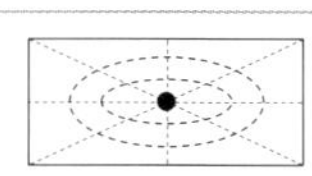
시선	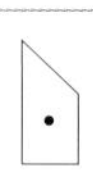		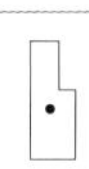	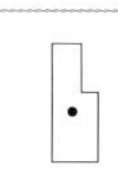
설명	1, 2박에 왼손은 옆치마를 잡고 오른손은 머리 위로 들어올리며 오른발 딛고 오른쪽으로 감아 돈다. 3, 4박에 오른손을 감으며 굴신한다. * 시선은 동작을 따라 정면으로 이동한다.			

23장단

동작				
악보				
호흡	V	V	V	V
플로어 패턴	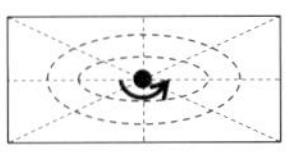			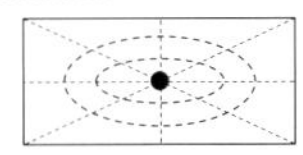
시선				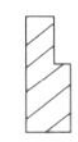
설명	1, 2박에 오른손은 머리 뒤로 밀어내기 시작하며 왼발부터 「돋움깨끼」한다 3, 4박에 오른손을 머리 뒤로 펼치며 연속으로 「돋움깨끼」한다. * 시선은 정면을 본다.			

24장단

동작				
악보				
호흡	Λ	Λ	Λ	Λ
플로어 패턴	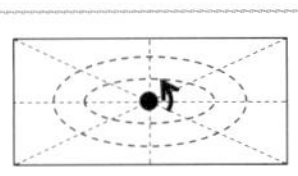			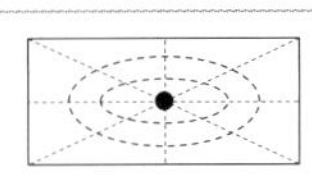
시선	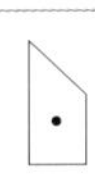	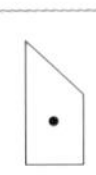		
설명	1, 2, 3, 4박에 오른팔을 아래로 내리며 왼쪽으로 「디딤돌기」하고 굴신한다. * 시선은 상수 앞사선에서 상수 뒷사선으로 이동한다.			

25장단

동작				
악보				
호흡	V	V	V	V
플로어 패턴	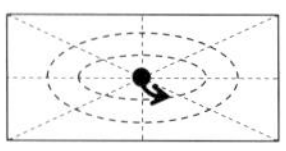			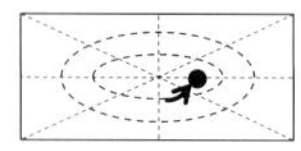
시선				
설명	1, 2박에 왼손 앞뒤 치마를 잡으며 뒷「돈움깨끼」한다. 3, 4박에 왼쪽으로 반원을 그리며 연속으로「깨끼걸음」한다. * 시선은 하수 뒷사선에서 정면으로 이동한다.			

26장단

동작				
악보				
호흡	V	V	V	Λ
플로어 패턴	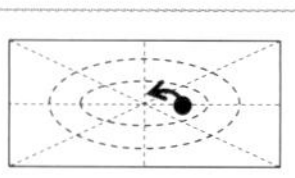			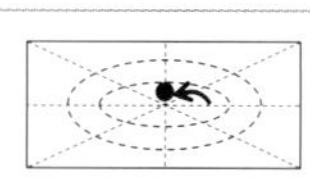
시선	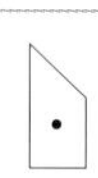	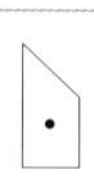		
설명	1, 2, 3박에 연속으로「깨끼걸음」한다. 4박에 양손은 치마를 놓으며 굴신한다. * 시선은 상수 앞사선을 본다.			

27장단

구분	1	2	3	4
동작				
악보				
호흡	V	V	V	Λ
플로어 패턴	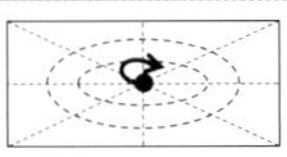			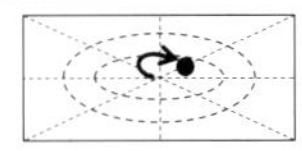
시선				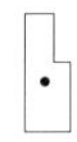
설명	1, 2박에 오른손 앞뒤 치마를 잡으며 오른쪽으로 뒷「돋움깨끼」한다. 3박에 정면을 향한다. 4박에 양손은 치마를 놓으며 굴신한다. * 시선은 하수 앞사선에서 정면으로 이동한다.			

28장단

구분	1	2	3	4
동작				
악보				
호흡	V	○	●	Λ
플로어 패턴	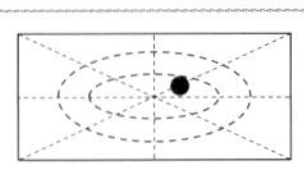		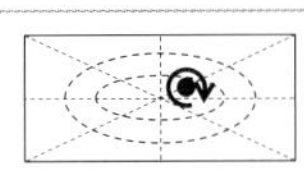	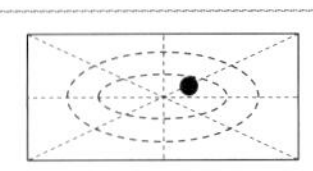
시선			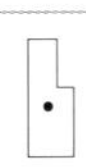	
설명	1, 2박에 오른손 앞뒤 치마 잡으며 왼발 앞「찍기」한다. 3박에 양손은 치마를 놓으며 오른쪽으로 왼발 앞감아돈다. 4박에 굴신한다. * 시선은 동작을 따라 정면으로 이동한다.			

29장단

동작				
악보	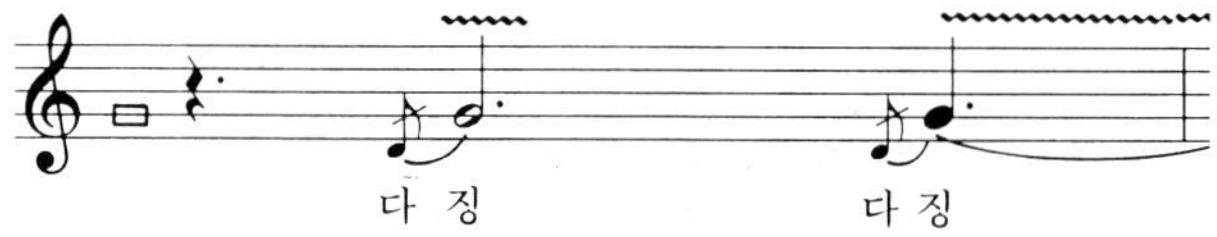			
호흡	V	∧	V	∧
플로어 패턴	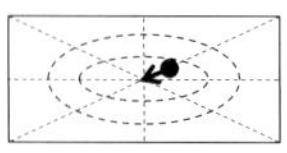			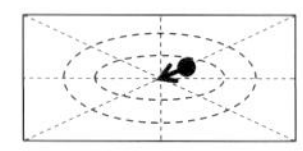
시선			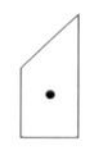	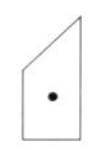
설명	1, 2박에 하수 앞사선으로 오른발 「까치뛰기」한다. 3, 4박에 오른발 「까치뛰기」한다. * 시선은 하수 앞사선을 본다.			

30장단

동작				
악보				
호흡	∧	∧	∧	V
플로어 패턴	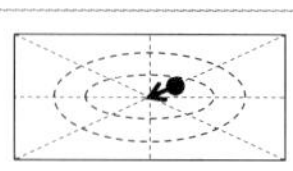			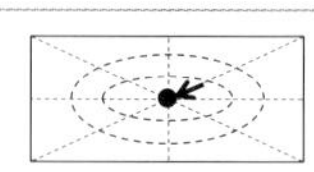
시선		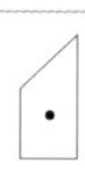		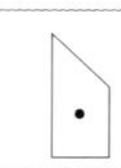
설명	1박에 하수 앞사선으로 「끌어붙임걸음」한다. 2박에 「끌어붙임걸음」한다. 3박에 양손은 치마를 놓으며 「끌어붙임걸음」한다. 4박에 왼손 앞뒤 치마를 잡으며 왼쪽으로 돌아 왼발을 든다. * 시선은 하수 앞사선에서 동작을 따라 상수 앞사선으로 이동한다.			

31장단

동작				
악보				
호흡	V	Λ	V	Λ
플로어 패턴	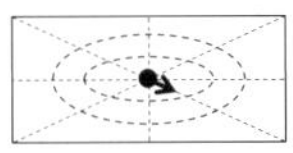			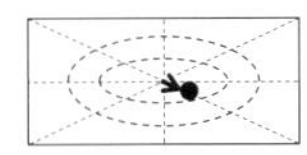
시선			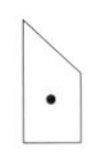	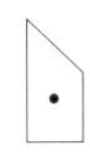
설명	1, 2박에 상수 앞사선으로 왼발 「까치뛰기」한다. 3, 4박에 왼발 「까치뛰기」한다. * 시선은 상수 앞사선을 본다.			

32장단

동작				
악보				
호흡	Λ	Λ	Λ	V
플로어 패턴	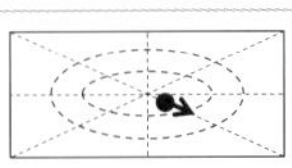			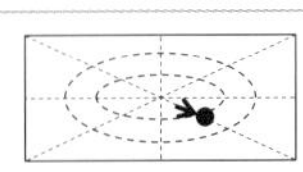
시선				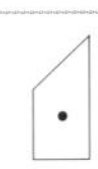
설명	1박에 상수 앞사선으로 「끌어붙임걸음」한다. 2박에 「끌어붙임걸음」한다. 3박에 양손은 치마를 놓으며 「끌어붙임걸음」한다. 4박에 오른손 앞뒤 치마를 잡으며 오른쪽으로 돌아 오른발을 든다. * 시선은 상수 앞사선에서 동작을 따라 하수 앞사선으로 이동한다.			

33장단

동작				
악보				
호흡	V	Λ	V	Λ
플로어 패턴	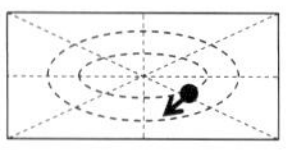			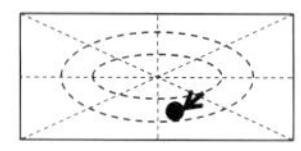
시선				
설명	1, 2박에 하수 앞사선으로 오른발 「까치뛰기」한다. 3, 4박에 오른발 「까치뛰기」한다. * 시선은 하수 앞사선을 본다.			

34장단

동작				
악보				
호흡	Λ	Λ	Λ	V
플로어 패턴	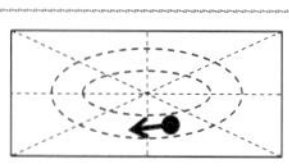			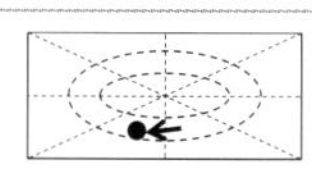
시선		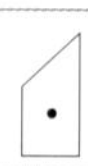		
설명	1박에 하수 앞사선으로 「끌어붙임걸음」한다. 2박에 「끌어붙임걸음」한다. 3박에 양손은 치마를 놓으며 「끌어붙임걸음」한다. 4박에 왼손 앞뒤 치마를 잡으며 왼쪽으로 돌아 왼발을 든다. * 시선은 하수 앞사선에서 동작을 따라 상수 앞사선으로 이동한다.			

35장단

동작				
악보				
호흡	V	Λ	V	Λ
플로어 패턴	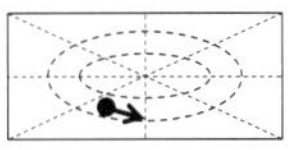			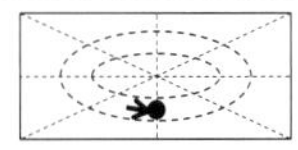
시선				
설명	1, 2박에 상수 앞사선으로 왼발 「까치뛰기」 한다. 3, 4박에 왼발 「까치뛰기」 한다. * 시선은 상수 앞사선을 본다.			

36장단

동작				
악보				
호흡	Λ	Λ	Λ	Λ
플로어 패턴	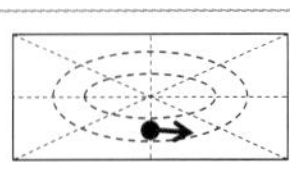			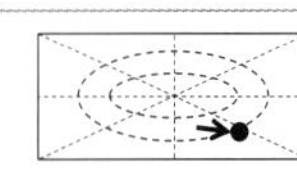
시선		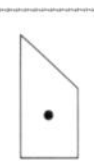	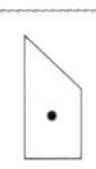	
설명	1박에 상수 앞사선으로 「끌어붙임걸음」 한다. 2박에 「끌어붙임걸음」 한다. 3박에 양손은 치마를 놓으며 「끌어붙임걸음」 한다. 4박에 오른손 「허리감기사위」 하고 왼발을 앞으로 밀어내며 굴신한다. * 시선은 상수 앞사선을 본다.			

37장단

동작				
악보				
호흡	V	V	V	V
플로어 패턴	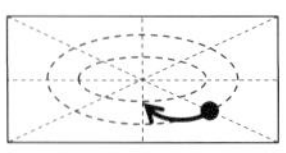			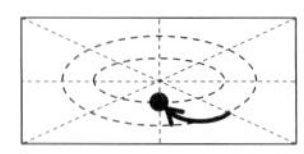
시선			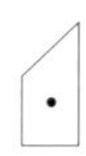	
설명	1박에 오른손 앞뒤 치마를 잡으며 뒷「잔걸음」을 시작한다. 2, 3, 4박에 연속으로 뒷「잔걸음」하며 오른쪽으로 반원을 그리기 시작한다. * 시선은 상수 앞사선에서 하수 앞사선으로 이동한다.			

38장단

동작				
악보				
호흡	V	V	V	Λ
플로어 패턴	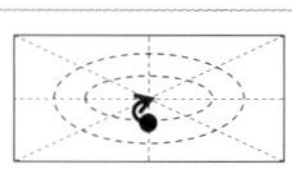			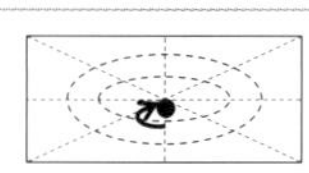
시선	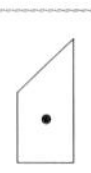			
설명	1, 2, 3, 4박에 연속으로 뒷「잔걸음」한다. 양손은 4박에 치마를 놓는다. * 시선은 동작을 따라 하수 뒷사선으로 이동한다.			

39장단

동작				
악보				
호흡	V	V	V	Λ
플로어 패턴	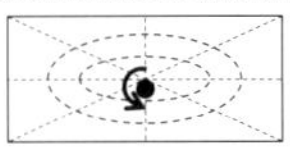			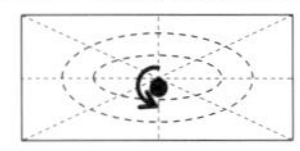
시선				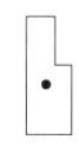
설명	1박에 왼손 앞뒤 치마를 잡으며 왼발부터 뒷「잔걸음」을 시작한다. 2박에 연속으로 뒷「잔걸음」한다. 3박에 정면을 본다. 4박에 양손은 치마를 놓으며 굴신한다. * 시선은 동작을 따라 정면을 본다.			

40장단

동작				
악보				
호흡	V	●	●	Λ
플로어 패턴	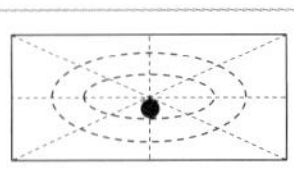		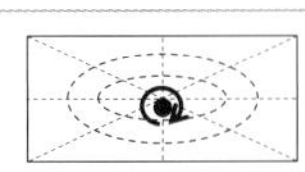	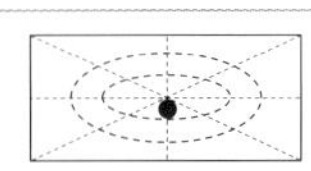
시선		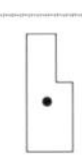	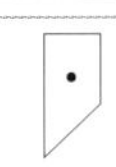	
설명	1박에 오른손 앞뒤 치마를 잡으며 왼발 앞「찍기」한다. 2박에 굴신한다. 3박에 왼발 딛어 오른쪽으로 감아 돈다. 4박에 양손은 치마를 놓으며 굴신한다. * 시선은 동작을 따라 정면으로 이동한다.			

41장단

동작				
악보				
호흡	V	Λ	V	Λ
플로어 패턴	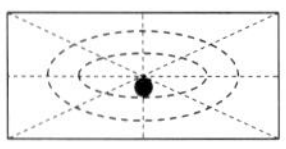			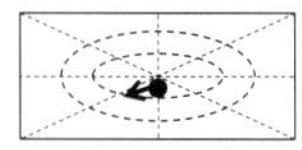
시선			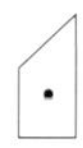	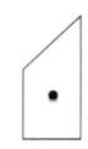
설명	1, 2박에 하수 앞사선으로 오른발 「까치뛰기」한다. 3, 4박에 오른발 「까치뛰기」한다. * 시선은 하수 앞사선을 본다.			

42장단

동작				
악보				
호흡	Λ	Λ	Λ	V
플로어 패턴	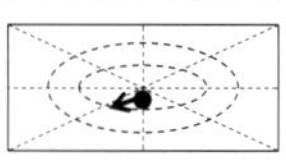			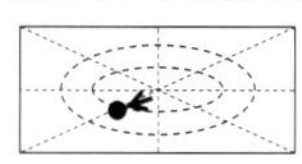
시선	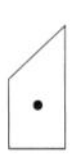			
설명	1박에 하수 앞사선으로 「끌어붙임걸음」한다. 2, 3박에 두 번 「끌어붙임걸음」한다. 4박에 양손 치마를 놓으며 굴신한 후 상수 앞사선을 향한다. * 시선은 하수 앞사선에서 상수 앞사선으로 이동한다.			

43장단

동작				
악보	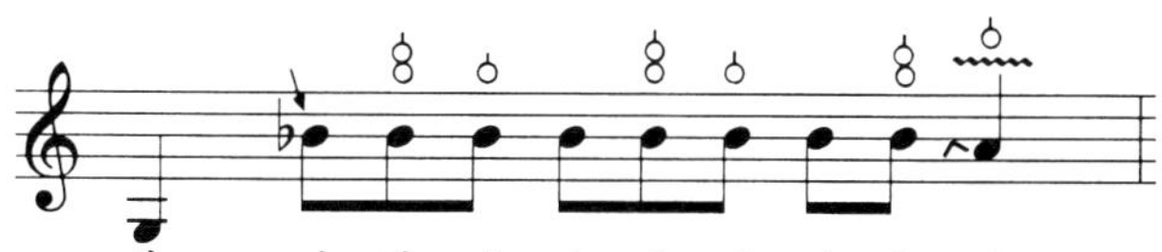			
호흡	∨	∧	∨	∧
플로어 패턴	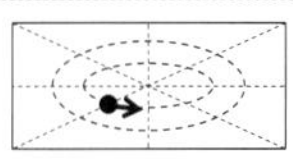			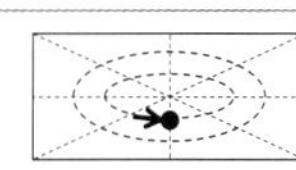
시선			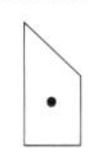	
설명	1, 2박에 상수 앞사선으로 왼발 「까치뛰기」한다. 3, 4박에 왼발 「까치뛰기」한다. * 시선은 상수 앞사선을 본다.			

44장단

동작				
악보				
호흡	∧	∧	∧	∨
플로어 패턴	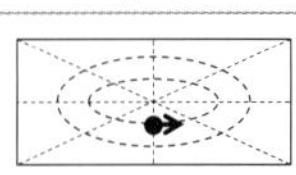			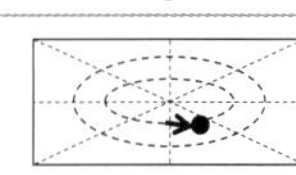
시선	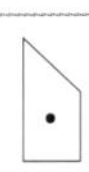	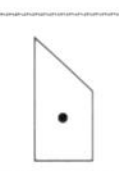		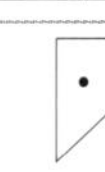
설명	1박에 상수 앞사선으로 「끌어붙임걸음」한다. 2박에 「끌어붙임걸음」한다. 3박에 양손은 치마를 놓으며 「끌어붙임걸음」한다. 4박에 오른손 앞뒤 치마를 잡으며 오른쪽으로 180도 돌아 상수 뒷사선으로 오른발을 든다. * 시선은 상수 앞사선에서 동작을 따라 상수 뒷사선으로 이동한다.			

45장단

동작				
악보	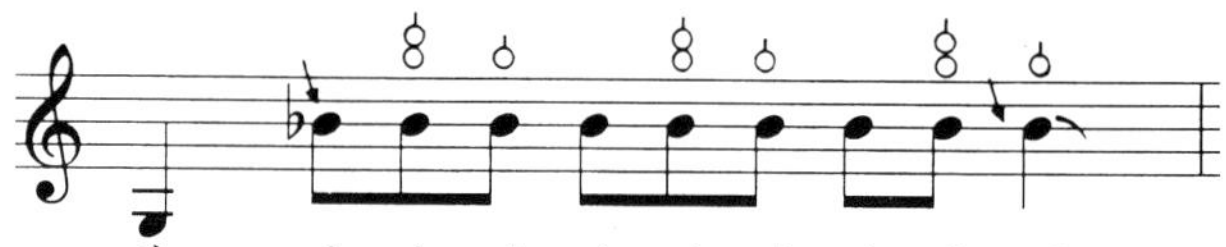			
호흡	∨	∧	∨	∧
플로어 패턴	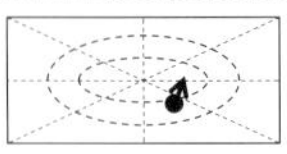			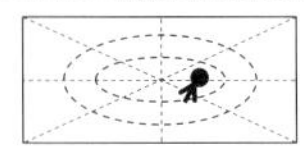
시선			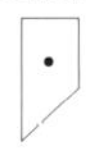	
설명	1, 2박에 상수 뒷사선으로 오른발 「까치뛰기」한다. 3, 4박에 오른발 「까치뛰기」한다. * 시선은 상수 뒷사선을 본다.			

46장단

동작				
악보	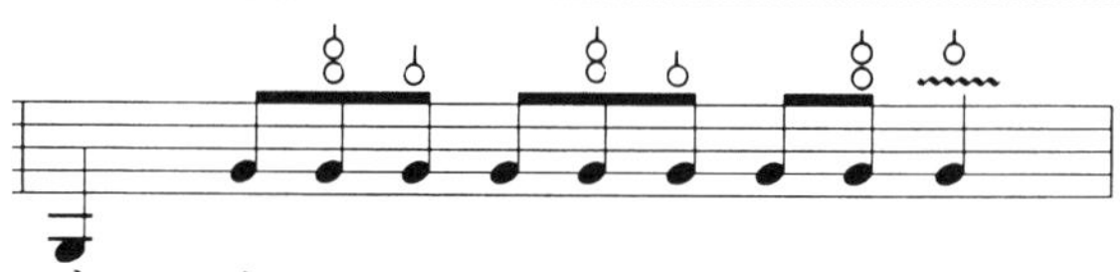			
호흡	∧	∧	∧	∧
플로어 패턴	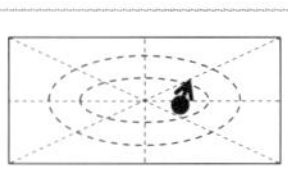			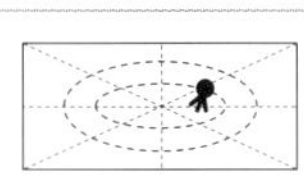
시선				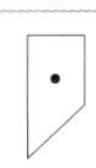
설명	1박에 상수 뒷사선으로 「끌어붙임걸음」한다. 2, 3박에 두 번 「끌어붙임걸음」한다. 4박에 왼손 「허리감기사위」하고 오른발을 앞으로 밀어내며 굴신한다. * 시선은 상수 뒷사선을 본다.			

47장단

동작				
악보				
호흡	V	V	V	V
플로어 패턴	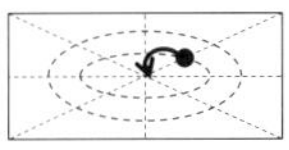			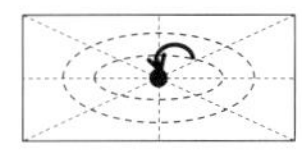
시선			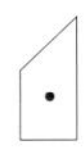	
설명	1, 2, 3, 4박에 왼손 앞뒤 치마를 잡고 왼쪽으로 제자리 「디딤돌기」한다. * 시선은 상수 뒷사선에서 동작을 따라 상수 앞사선으로 이동한다.			

48장단

동작				
악보	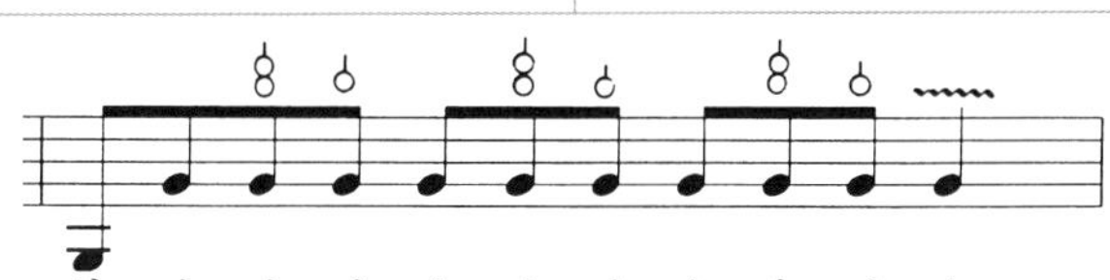			
호흡	V	V	V	Λ
플로어 패턴	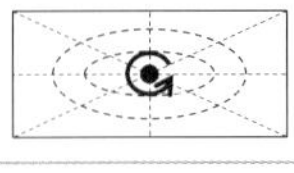			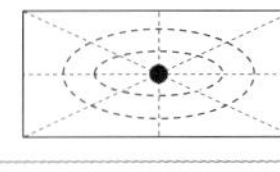
시선				
설명	1, 2박에 「디딤돌기」하며 왼쪽으로 360도 돈다. 3박에 양손은 치마를 놓는다. 4박에 오른손 「허리감기사위」하며 왼발을 앞으로 밀어내고 굴신한다. * 시선은 뒷정면에서 동작을 따라 상수 정면으로 이동한다.			

49장단

동작				
악보				
호흡	V	V	V	V
플로어 패턴	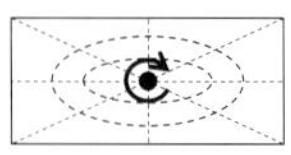			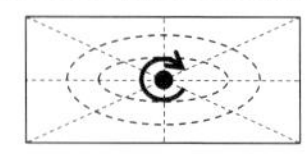
시선				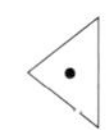
설명	1박에 오른손 앞뒤 치마를 잡고 왼발 앞「찍기」한다. 2, 3, 4박에 오른쪽으로 360도「디딤돌기」한다. * 시선은 상수 앞사선에서 동작을 따라 상수 정면을 본다.			

50장단

동작				
악보				
호흡	V	V	V	Λ
플로어 패턴	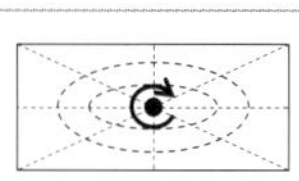			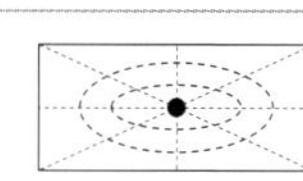
시선			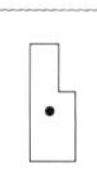	
설명	1박에 연속으로 360도「디딤돌기」를 시작한다. 2박에「디딤돌기」하며 오른손, 왼손을 순차적으로 머리 위로 휘감는다. 3, 4박에 양손을 모아 머리 위로 들어올린 후 굴신한다. * 시선은 정면에서 동작을 따라 하수 앞사선으로 이동한다.			

51장단

구분	1박	2박	3박	4박
동작				
악보	 살 따 라 다 따 라 다 따 라 다 따 라 다			
호흡	○	●	●	●
플로어 패턴	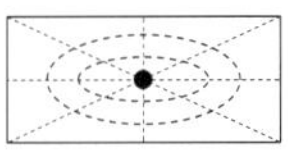			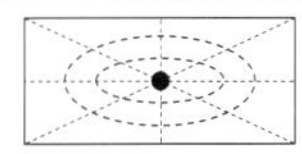
시선		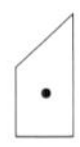	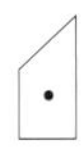	
설명	1박에 왼발 앞「찍기」한다. 2, 3, 4박에 호흡을 멈춘다. * 시선은 하수 앞사선을 본다.			

52장단

구분	1박	2박	3박	4박
동작				
악보	 따 라 다 따 라 다 따 라 다 따 라 다			
호흡	○	V	●	Λ
플로어 패턴	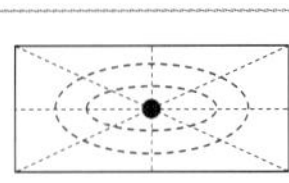			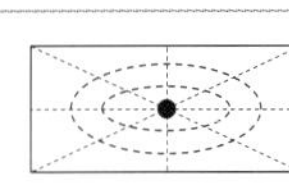
시선				
설명	1박에 왼발 앞「찍기」한다. 2, 3박에 왼발로 중심을 이동한다. 4박에 굴신한다. * 시선은 하수 앞사선을 본다.			

53장단

동작				
악보	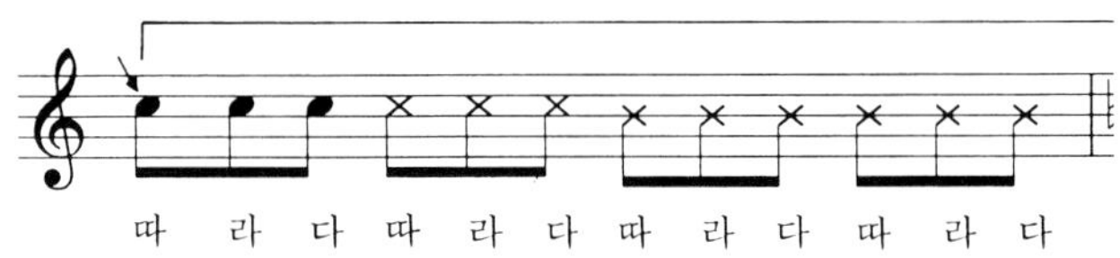			
호흡	V	Λ	Λ	Λ
플로어 패턴	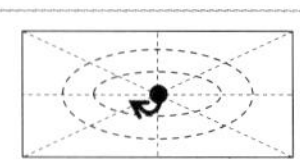			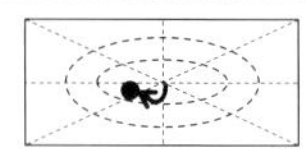
시선				
설명	1, 2, 3, 4박에 오른발부터 뛰고 「겹디딤」하며 오른쪽으로 원을 그리고, 양팔은 곡선으로 내리는 「배꽃흩날림사위」를 시작한다. * 시선은 동작을 따라 하수 뒷사선으로 이동한다.			

54장단

동작				
악보				
호흡	V	Λ	Λ	Λ
플로어 패턴	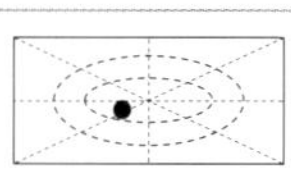			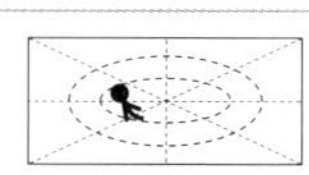
시선	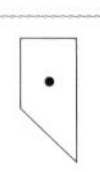	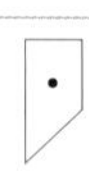	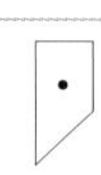	
설명	1, 2, 3, 4박에 오른쪽으로 양팔을 곡선으로 내리며 왼발부터 뛰고 「겹디딤」한다. * 시선은 동작을 따라 상수 뒷사선으로 이동한다.			

55장단

동작				
악보				
호흡	V	Λ	Λ	Λ
플로어 패턴	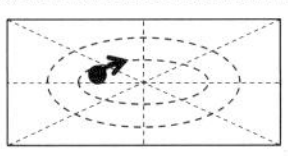			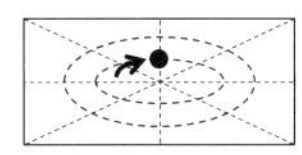
시선			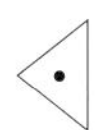	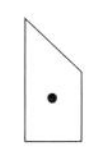
설명	1, 2, 3, 4박에 오른쪽으로 양팔을 곡선으로 내리며 오른발부터 뛰고 「겹디딤」한다. * 시선은 동작을 따라 상수 앞사선으로 이동한다.			

56장단

동작				
악보				
호흡	V	Λ	Λ	Λ
플로어 패턴	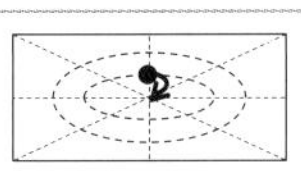			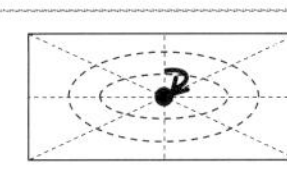
시선			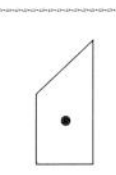	
설명	1, 2, 3, 4박에 오른쪽으로 양팔을 아래로 내리며 왼발부터 뛰고 「겹디딤」하는 「배꽃흩날림사위」를 마무리한다. * 시선은 동작을 따라 하수 앞사선으로 이동한다.			

57장단

동작				
악보				
호흡	V	Λ	V	Λ
플로어 패턴	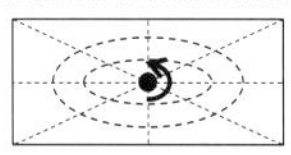			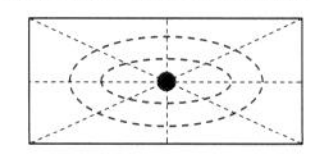
시선	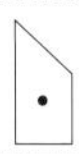	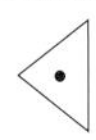		
설명	1박에 왼손 앞뒤 치마를 잡고 오른발 「끌어들기」하며 제자리 뛴다. 2박에 양발 모아 굴신한다. 3박에 왼발 「끌어들기」하며 제자리 뛴다. 4박에 양발 모아 굴신한다. 이때 왼쪽으로 90도씩 사방으로 돌아간다. * 시선은 상수 앞사선에서 상수 정면, 상수 뒷사선, 뒷정면을 본다.			

58장단

동작				
악보				
호흡	V	Λ	V	Λ
플로어 패턴	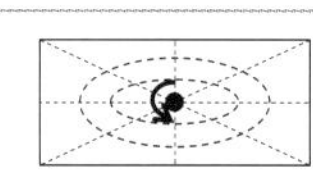			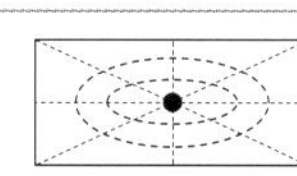
시선		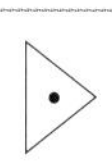		
설명	1박에 오른발 「끌어들기」하며 제자리 뛴다. 2박에 양발 모아 굴신한다. 3박에 양손은 치마를 놓으며 왼발 「끌어들기」하며 제자리 뛴다. 4박에 오른손 「허리감기사위」하며 양발 모아 굴신한다. 이때 왼쪽으로 90도씩 사방으로 돌아간다. * 시선은 하수 뒷사선에서 하수 정면, 하수 앞사선, 정면을 본다.			

59장단

동작				
악보				
호흡	V	Λ	Λ	Λ
플로어 패턴	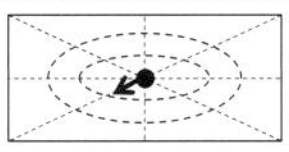			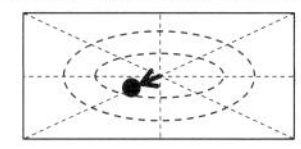
시선			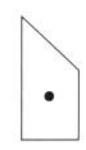	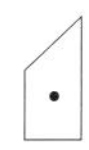
설명	1박에 양손은 앞치마를 잡으며 하수 앞사선으로 오른발 들어 뛴다. 2, 3, 4박에 「잔걸음」한다. * 시선은 상수 앞사선에서 하수 앞사선으로 이동한다.			

60장단

동작				
악보	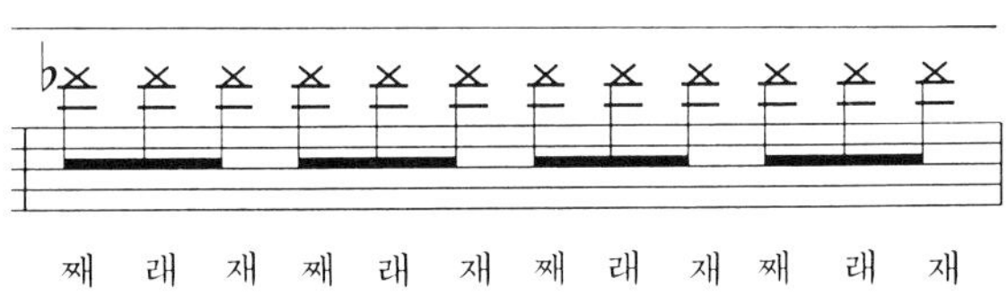			
호흡	V	Λ	Λ	Λ
플로어 패턴	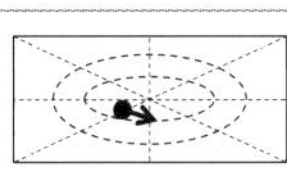			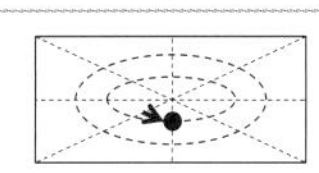
시선				
설명	1박에 상수 앞사선으로 왼발 들어 뛴다. 2, 3, 4박에 「잔걸음」한다. * 시선은 하수 앞사선에서 상수 앞사선으로 이동한다.			

61장단

동작				
악보	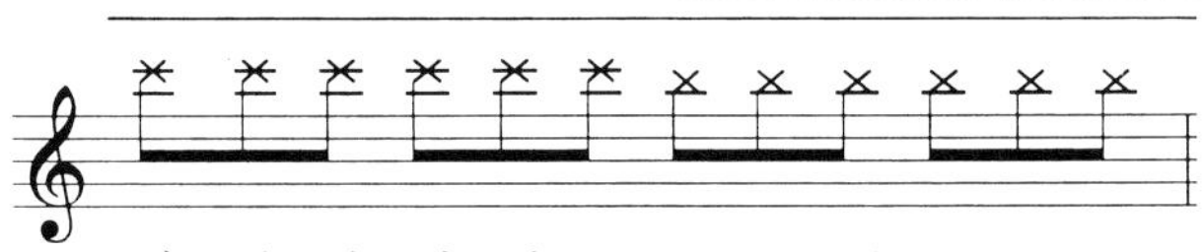			
호흡	V	Λ	V	Λ
플로어 패턴	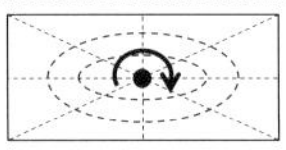			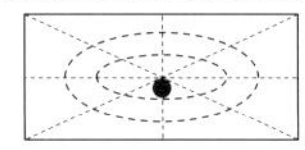
시선			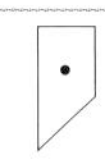	
설명	1박에 오른손 앞뒤 치마를 잡고 오른발 「끌어들기」하며 제자리 뛴다. 2박에 양발 모아 굴신한다. 3박에 왼발 「끌어들기」하며 제자리 뛴다. 4박에 양발 모아 굴신한다. 이때 오른쪽으로 90도씩 돌아간다. * 시선은 하수 정면, 뒷정면, 상수 정면으로 이동한다.			

62장단

동작				
악보	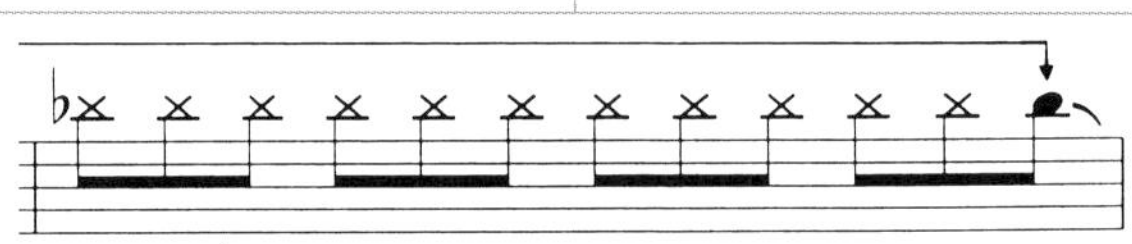			
호흡	V	Λ	V	Λ
플로어 패턴	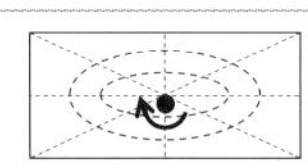			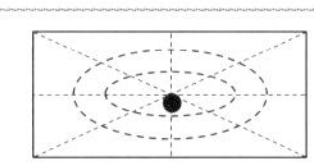
시선		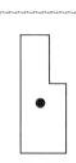	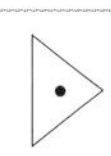	
설명	1박에 오른발 「끌어들기」하며 제자리 뛴다. 2박에 양발 모아 굴신한다. 3박에 왼발 「끌어들기」하며 180도 제자리 뛰어 돈다. 4박에 양손은 치마를 놓으며 왼손 「허리감기사위」하고 오른발을 밀어내며 굴신한다. * 시선은 상수 앞사선, 정면, 하수 정면, 하수 뒷사선으로 이동한다.			

63장단

동작				
악보				
호흡	V	V	V	V
플로어 패턴	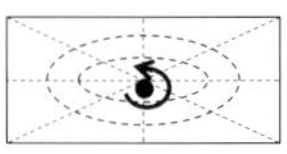			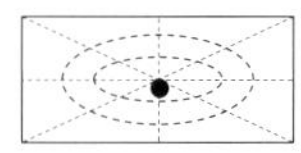
시선			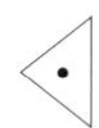	
설명	1, 2, 3, 4박에 오른발부터 왼쪽으로 제자리 「디딤돌기」한다. * 시선은 하수 앞사선에서 상수 뒷사선으로 이동한다.			

64장단

동작				
악보				
호흡	V	V	V	Λ
플로어 패턴	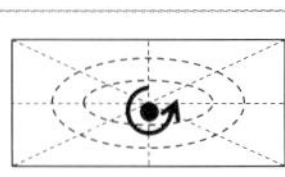			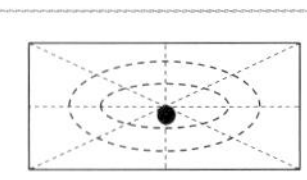
시선			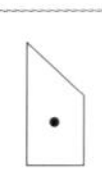	
설명	1, 2박에 연속으로 「디딤돌기」한다. 3박에 양손은 치마를 놓는다. 4박에 오른손 「허리감기사위」하고 왼발을 밀어내며 굴신한다. * 시선은 하수 뒷사선에서 상수 앞사선으로 이동하다.			

65장단

동작				
악보				
호흡	V	V	V	V
플로어 패턴	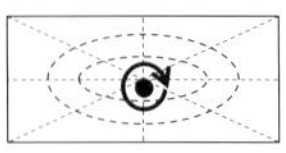			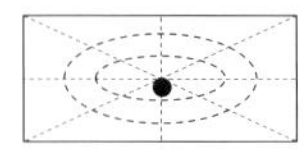
시선				
설명	1, 2, 3, 4박에 오른손 앞뒤 치마를 잡고 오른쪽으로 「디딤돌기」하며 360도 돈다. * 시선은 상수 앞사선에서 동작을 따라 상수 앞사선으로 이동한다.			

66장단

동작				
악보	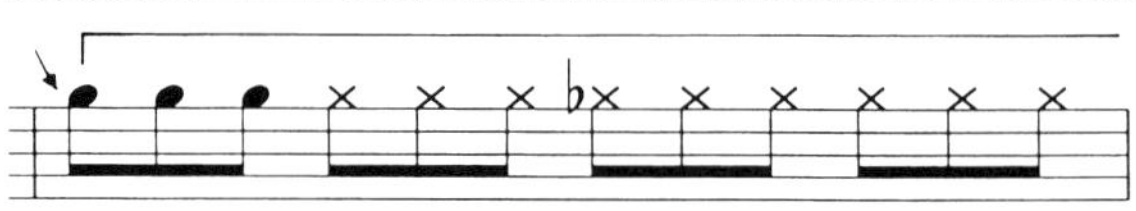			
호흡	V	V	V	Λ
플로어 패턴	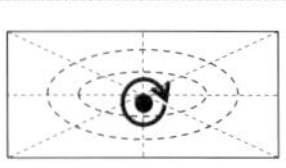			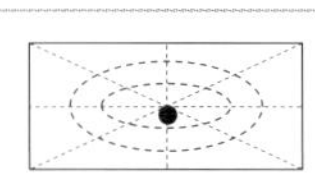
시선				
설명	1, 2, 3박에 연속으로 「디딤돌기」하며 돈다. 4박에 정면에서 굴신한다. 오른손은 3, 4박에 치마를 놓으며 하수 뒷사선으로 손등을 밀어내린다. * 시선은 정면에서 동작을 따라 하수 뒷사선으로 이동한다.			

67장단

동작				
악보				
호흡	V	∧	∧	∧
플로어 패턴	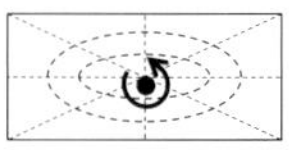			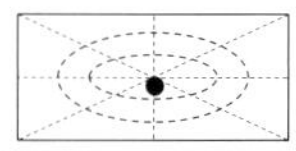
시선				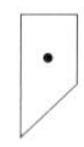
설명	1박에 오른손은 하수 뒷사선으로 뿌리고 오른발 들어 왼발 「돋움」하여 멈춘다. 2, 3, 4박에 왼팔을 수평으로 들기 시작하며 왼쪽으로 「디딤돌기」한다. * 시선은 하수 뒷사선에서 상수 뒷사선으로 이동한다.			

68장단

동작				
악보				
호흡	V	V	V	V
플로어 패턴	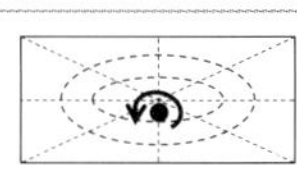			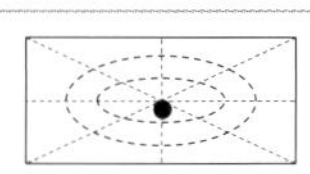
시선		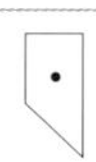		
설명	1, 2, 3, 4박에 양팔을 수평으로 들어올리며 연속으로 「디딤돌기」한다. * 시선은 동작을 따라 상수 앞사선으로 이동한다.			

69장단

동작				
악보				
호흡	V	V	V	V
플로어 패턴	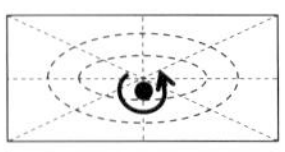			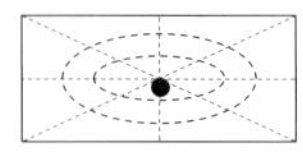
시선				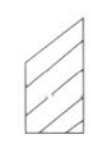
설명	1, 2, 3, 4박에 양팔을 사선 위로 들어올리며 연속으로 「디딤돌기」한다. * 시선은 동작을 따라 하수 뒷사선으로 이동한다.			

70장단

동작				
악보				
호흡	Λ	Λ	Λ	Λ
플로어 패턴	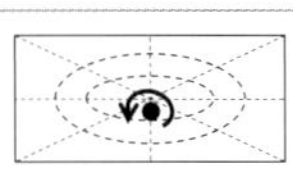			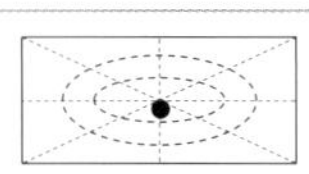
시선		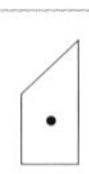		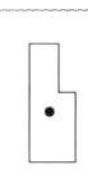
설명	1, 2, 3, 4박에 양팔을 사선 아래로 내리며 연속으로 「디딤돌기」한다. * 시선은 동작을 따라 정면으로 이동한다.			

71장단–무장단

동작	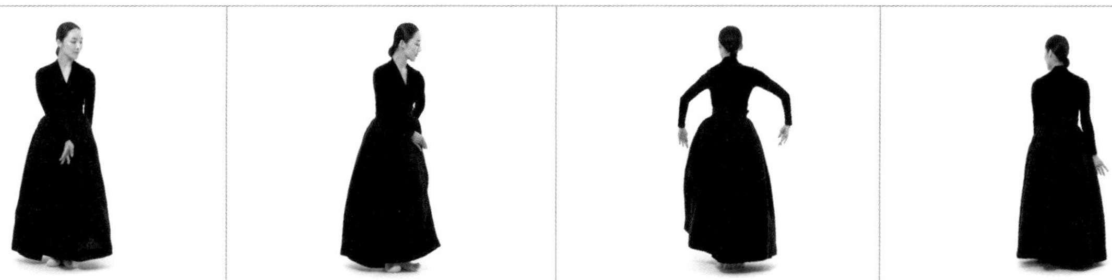			
악보	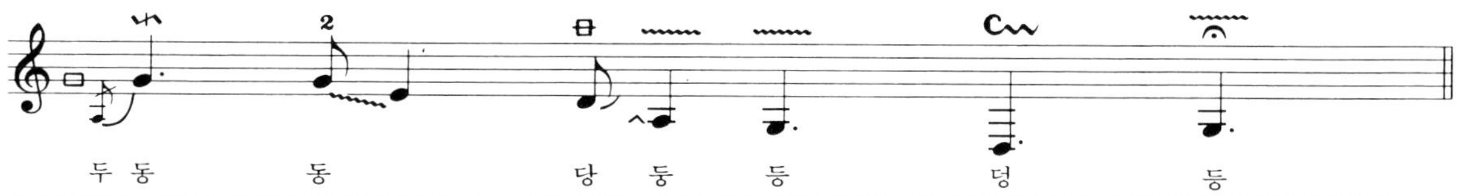			
호흡	●	●	●	∧
플로어 패턴	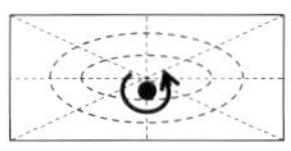			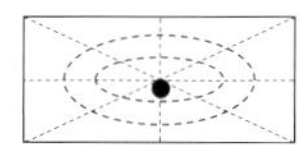
시선				
설명	1, 2, 3박에 양팔을 사선 아래로 내리며 연속으로 「디딤돌기」한다. 4박에 오른손 「허리감기사위」하며 「디딤돌기」한다. 5박에 양팔을 사선 아래로 펼친다. 6박에 왼손 「허리감기사위」한다. * 시선은 동작을 따라 하수 뒷사선으로 이동한다.			

72장단–무장단

동작				
악보	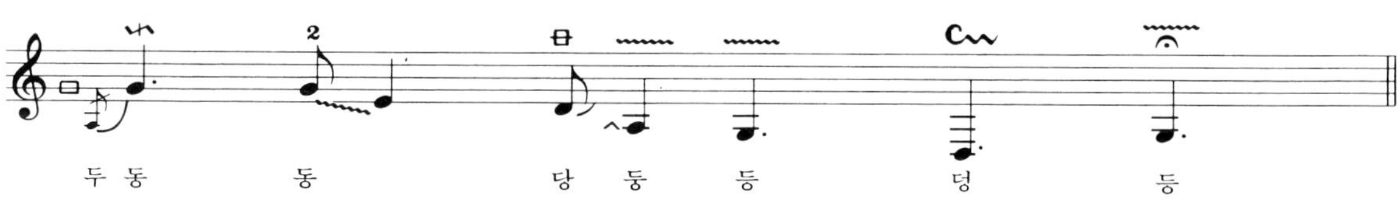			
호흡	∨	∧	∧	●
플로어 패턴	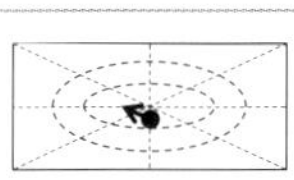			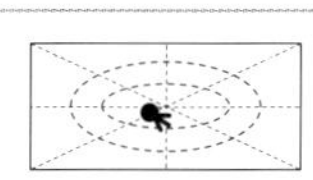
시선				
설명	하수 뒷사선으로 왼발, 오른발 딛고 오른발로 중심을 이동한다. 오른손은 상수 앞사선으로 밀어내고 상체는 하수 뒷사선으로 45도 숙여 굴신한다. * 시선은 하수 뒷사선을 본다.			

단모리

산조곡의 마무리를 장식하는 단모리는 절정에 이르렀던 춤사위가 점점 한 곳으로 모여 응축되는 모습을 보여준다. 이 장은 보일 듯 말듯한 움직임 속에 끊임없이 되솟아 오르려는 인간의 소망이 담겨 있으며, 마치 혹독한 눈보라를 이겨내듯 굴신과 깊은 호흡을 반복하며 상승의 이미지를 응축시켜 비상의 염원을 강렬하게 보여준다.

Danmori, which decorates the finish of the *sanjo*, shows how the dancing scene that has reached the peak is condensed and reduced gradually in one place. This section reflects the human desire to constantly rise up in a seemingly motionless manner. It also displays the intense desire for soaring through deep knee bends and breathing that signifies accession as if overcoming a harsh blizzard.

1장단

<table>
<tr><td>동작</td><td></td><td></td><td></td><td></td></tr>
<tr><td>악보</td><td colspan="4">
</td></tr>
<tr><td>호흡</td><td>V</td><td>V</td><td>V</td><td>V</td></tr>
<tr><td>플로어 패턴</td><td>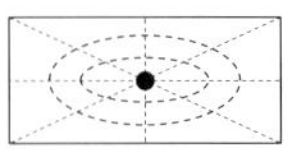</td><td></td><td></td><td>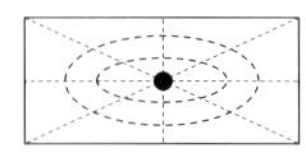</td></tr>
<tr><td>시선</td><td></td><td></td><td></td><td>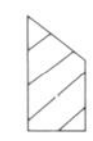</td></tr>
<tr><td>설명</td><td colspan="4">호흡을 들이마시며 양팔을 아래에서 위로 서서히 들어 왼손 위「엇사위」한다.
* 시선은 상수 앞사선을 본다.</td></tr>
</table>

2장단

<table>
<tr><td>동작</td><td></td><td></td><td></td><td></td></tr>
<tr><td>악보</td><td colspan="4">
</td></tr>
<tr><td>호흡</td><td>Λ</td><td>Λ</td><td>Λ</td><td>Λ</td></tr>
<tr><td>플로어 패턴</td><td>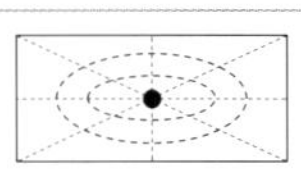</td><td></td><td></td><td>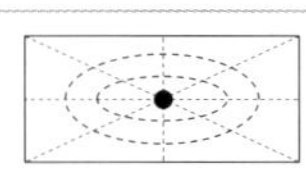</td></tr>
<tr><td>시선</td><td>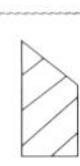</td><td></td><td></td><td>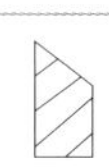</td></tr>
<tr><td>설명</td><td colspan="4">호흡을 내쉬고 양팔을 서서히 아래로 내리며 굴신한다.
* 시선은 상수 앞사선을 본다.</td></tr>
</table>

3장단

동작				
악보				
호흡	∧	∧	∧	∧
플로어 패턴	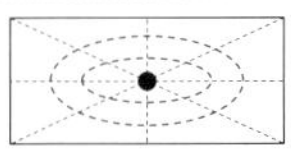			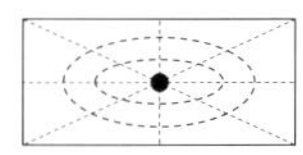
시선				
설명	연속으로 호흡을 내쉬고 양팔을 서서히 내리며 굴신한다. * 시선은 상수 앞사선을 본다.			

4장단

동작				
악보				
호흡	∧	∨	∧	∨
플로어 패턴	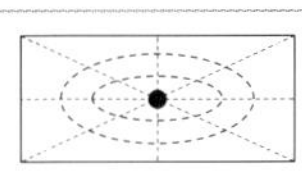			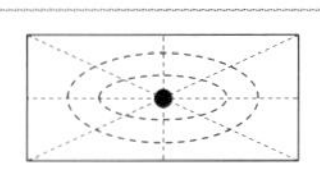
시선				
설명	양발은 무릎을 완전히 구부려 앉는 「모아앉은사위」를 하고 왼쪽으로 360도 서서히 돌아간다. 양팔은 수평에서 서서히 내려 왼손 앞뒤 치마를 잡은 후 양팔 수평으로 펼쳐 오른손 앞뒤 치마를 잡는다. * 시선은 하수 뒷사선에서 정면으로 이동한다.			

5장단

동작				
악보				
호흡	V	V	V	Λ
플로어 패턴	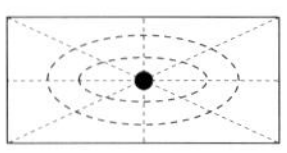			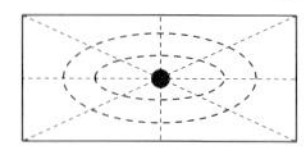
시선				
설명	양발은 「모아앉은사위」를 하며 왼쪽으로 180도 돌고, 양팔은 수평으로 서서히 들어올린다. * 시선은 상수 뒷사선에서 하수 뒷사선으로 이동한다.			

6장단

동작				
악보				
호흡	O	V	V	V
플로어 패턴	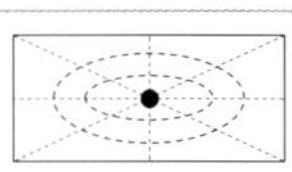			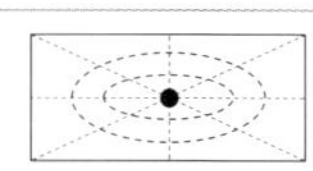
시선		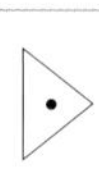		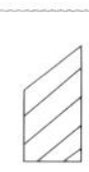
설명	양 무릎 모아 엎드린 자세에서 양손 뒷치마를 잡고 하수 방향으로 반원을 그리며 상체를 서서히 왼발 중심으로 밀어올린다. * 시선은 뒷정면 아래에서 하수 앞사선으로 이동한다.			

7장단

동작				
악보				
호흡	V	Λ	Λ	Λ
플로어 패턴	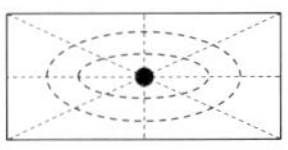			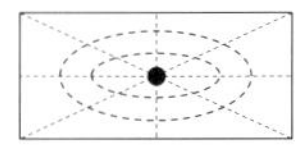
시선		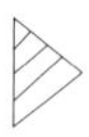	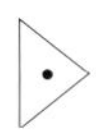	
설명	반 무릎 자세에서 하수 옆 정점으로 상체를 밀어올린 후 반원을 그리며 서서히 내려앉아 양 무릎 모아 엎드린다. * 시선은 하수 앞사선에서 뒷정면 아래로 이동한다.			

8장단

동작				
악보	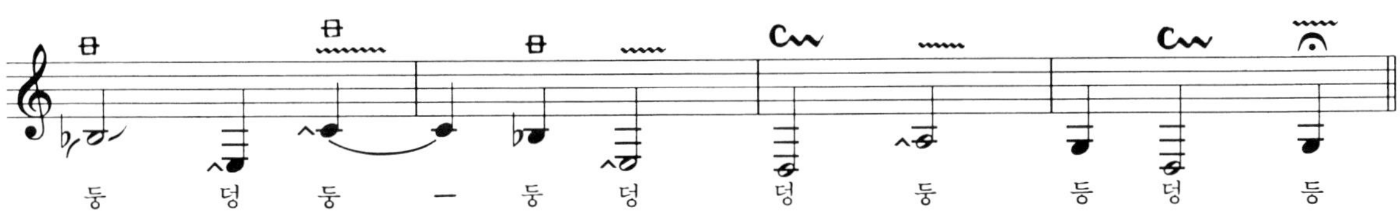			
호흡	V	V	V	V
플로어 패턴	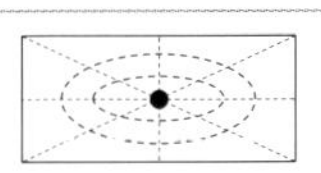			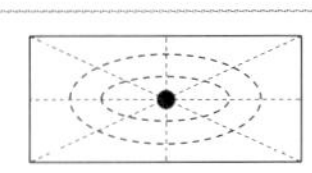
시선				
설명	양 무릎 모아 엎드린 자세에서 상수 방향으로 반원을 그리며 상체를 서서히 오른발 중심으로 정점까지 밀어올린다. * 시선은 옆정면에서 상수 앞사선으로 이동한다.			

부록

- 김명숙류 산조춤 「소천(素泉)」 공연 연보
- 사진으로 보는 김명숙류 산조춤 「소천(素泉)」의 역사
- 참고문헌

김명숙류 산조춤 「소천(素泉)」공연 연보

1999

김명숙의 전통춤 「전통의 맥찾기 II - 일무와 산조춤의 만남」

일시 : 1999년 9월 9일(목) 오후 7시 30분

장소 : 국립국악원 예악당

후원 : 한국문화예술진흥원, 세계무용연맹 한국본부, 이화여자대학교 무용과

주요 참가자

- 안무 : 김명숙
- 무대장치 : 홍유성
- 의상 : 허영, 이호준
- 사진 : 최영모, 박상윤
- 분장 : 김종환
- 특별연주 : 이매방, 원장현, 황병기, 지애리, 국립국악원 정악연주단
- 출연 : 김명숙, 이미영, 남수정, 이애덕, 한지현, 정윤경, 윤정민, 박정연, 안세실, 황지원, 권유미, 김율희, 박경은, 손예란, 유은주, 배진일, 전고운

2003

김명숙 늘휘무용단 「전통의 맥찾기 III - 육법공양 헌무의식과 소천(素泉)」

일시 : 2003년 9월 7일(일) 오후 7시 30분

장소 : 국립국악원 예악당

후원 : 문화관광부, 서울특별시, 한국문화예술진흥원, 이화여자대학교 무용과

주요 참가자

- 안무 : 김명숙
- 음악 : 황병기
- 인터넷 기술감독 : 김대영
- 무대 : 유영교
- 의상 : 김정희, 허영

• 음향 : 김태근
• 소품 : 김성태
• 사진 : 최영모
• 분장 : 이재형
• 연주 : 황병기, 이매방, 원장현, 윤인숙, 지애리, 채조병, 국립국악원 연주단, 동래학춤 구음보유자 유금선 외 보존회 악사단
• 특별출연 : 박정자, 김온경
• 출연 : 김명숙, 이애덕, 한지현, 윤정민, 김율희, 박경은, 배진일, 김활란, 전고운, 이현주, 권옥분, 이정민, 이은정, 이지나, 오지영

2005

뉴욕대학 초청공연
「Myung Sook Kim Dance Company, Traditional Dance from Korea」

일시 : 2005년 2월 15일(화) 오후 8시

장소 : 미국 뉴욕 Frederick Loewe Theater

후원 : 미국 뉴욕대학교(NYU) 공연예술과, 이화여자대학교 무용과

주요 참가자

• 안무 및 출연 : 김명숙
• 음악 : 황병기
• 해설 : 하영미
• 의상 : 허영
• 무대감독 : 오성호
• 분장 : 이재형

2006

김명숙 늘휘무용단 10주년 기념공연 「想 · 想」

일시 : 2006년 9월 30일(토) 오후 7시

장소 : LG아트센터

후원 : 한국문화예술위원회, 이화여자대학교 무용과

주요 참가자

• 안무 : 김명숙
• 음악 : 황병기
• 영상 : 최유미
• 대본 : 한혜원
• 의상 : 김정희
• 조명 : 이상봉
• 사진 : 최영모
• 연주 : 황병기, 박현숙

• 출연 : 김명숙, 안시향, 윤여숙, 윤정민, 김율희, 배진일, 김활란, 이은정, 이윤경, 이한솔, 안세실, 오지영, 김연희

2007

네덜란드 헤이그 이준열사 서거 100주년 기념 초청공연

일시 : 2007년 7월 15일(일) 오후 7시

장소 : 네덜란드 헤이그 Royal Theater

후원 : 동아일보사, 주네덜란드 한국대사관

주요 참가자

• 안무 : 김명숙

• 연출 : 오성호

• 음악 : 황병기, 김태근

• 의상 : 노현주

• 분장 : 이재형

• 출연 : 김명숙, 윤정민, 김율희, 박경은, 배진일, 이은정, 권옥분, 이연희, 김연희, 김정래, 김종덕

2008

황병기 명인의 산조 이야기 「가야금 산조춤 전바탕」

일시 : 2008년 10월 17일(금) 오후 5시

장소 : 서울남산국악당

후원 : 서울남산국악당

주요 참가자

• 예술감독 : 김명숙

• 음악 및 해설 : 황병기

• 연주 : 박현숙, 김웅식

• 분장 : 이재형

• 출연 : 김명숙, 이한솔, 박경은, 배진일, 이은정, 김연희, 김정래

2009

김명숙 늘휘무용단 「2009 춤으로 그리는 사계 - 想 · 想 II」

일시 : 2009년 9월 9일(수) 오후 8시

장소 : 예술의전당 토월극장

후원 : 이화여자대학교 무용과

주요 참가자

• 안무 : 김명숙

• 음악 : 황병기

• 의상 : 김정희

• 영상 : 최유미
• 조명 : 이상봉
• 사진 : 최영모
• 분장 : 이재형
• 연주 : 황병기, 박현숙
• 출연 : 김명숙, 김율희, 박경은, 배진일, 이은정, 이한솔, 김정래, 김연희, 정지혜, 최현아, 임승진, 김정민, 김민지

2009

뉴욕 아시아 소사이어티 초청
「New Music & Dance From Korea - Taintless Spring」

일시 : 2009년 10월 17일(토) 오후 8시

장소 : Asia Society Theater

주최 : Asia Society, World Music Institute, 뉴욕 한국문화원

후원 : 한국국제교류재단, 이화여자대학교 무용과

주요 참가자

• 안무 : 김명숙
• 음악 : 황병기
• 의상 : 김정희
• 기획 : 오성호
• 조명 : Robert Henderson
• 분장 : 이재형
• 연주 : 황병기, 박현숙
• 출연 : 김명숙, 박경은, 배진일, 이은정, 김정래, 김연희, 정지혜

2010

국립국악원 시대공감 열린무대 '명인창무전' 김명숙의 한국춤
「전통의 맥찾기 Ⅳ」

일시 : 2010년 10월 19일(화) 오후 7시 30분

장소 : 국립국악원 우면당

주최 : 국립국악원

후원 : 김명숙 늘휘무용단, 이화여자대학교 무용과

주요 참가자

• 안무 : 김명숙
• 연주 : 이매방, 황병기, 원장현, 지애리, 국립국악원 정악단
• 의상 : 허영, 김지원
• 사진 : 최영모

• 기록 : 지화충

• 분장 : 이재형

• 출연 : 김명숙, 배진일, 이은정, 김연희, 김정래, 김현선, 김민지

2011

메세나협의회 기업과 예술의 만남 결연식 축하공연
「김명숙류 산조춤 소천(素泉)」

일시 : 2011년 10월 26일(수) 11시

장소 : 남산국악당

주최 : 한국메세나협의회, 한국문화예술위원회

주요 참가자

• 예술감독 및 해설 : 김명숙

• 연주 : 지애리, 김응식

• 분장 : 이재형

• 출연 : 박경은, 배진일, 이은정, 김정래, 정지혜, 김현선, 김민지

2012

김명숙 늘휘무용단「2012 춤으로 그리는 사계 - 想 · 想 III」

일시 : 2012년 4월 15일(일) 오후 6시

장소 : LG아트센터

후원 : 이화여자대학교 무용과

주요 참가자

• 안무 : 김명숙

• 음악 : 황병기

• 의상 : 김정희

• 영상 : 최유미

• 조명 : 이상봉

• 사진 : 최영모

• 분장 : 이재형

• 연주 : 황병기, 지애리

• 출연 : 김명숙, 안시향, 이한솔, 박경은, 이은정, 김정래, 김현선, 김민지, 여길랑, 최시원, 채수정, 정혜주, 송아름, 김예지

2012

France UNESCO 세계문화예술 교육주간 선포식 초청공연 「The Lucid Spring」

일시 : 2012년 5월 23일 오후 8시

장소 : France Paris UNESCO

주최 : 문화체육관광부, 유네스코 본부

후원 : 한국문화예술교육진흥원

주요 참가자

- 안무 및 예술감독 : 김명숙
- 작곡 및 음악감독 : 황병기
- 의상 : 김정희
- 연출 : 오성호
- 연주 : 지애리, 이승호
- 출연 : 박경은, 이은정, 김현선, 여길랑, 최시원

2016

김명숙 늘휘무용단 창단 20주년 기념공연 「시간의 공간 中 '상 · 상'」

일시 : 2016년 3월 26일(토) 오후 5시

장소 : LG아트센터

주최 : 서울문화재단, 한국문화예술위원회, (재)전문무용수지원센터, 이화여자대학교 무용과

주요 참가자

- 안무 및 예술감독 : 김명숙
- 음악감독 : 황병기
- 작곡 : 황병기, 김태근
- 연주 : 황병기, 지애리
- 의상 : 김정희, 노현주, 김혜림
- 조명 : 이상봉
- 영상 : 최유미
- 기록 : 지화충
- 사진 : 이과용
- 분장 : 이재형
- 출연 : 김명숙, 이한솔, 박경은, 배진일, 이은정, 정지혜, 김정래, 김민지, 채수정, 최시원, 이예은, 남선희, 민희정, 송아름

사진으로 보는 김명숙류 산조춤 「소천(素泉)」의 역사

1999년 국립국악원 예악당 「일무와 산조춤의 만남」 공연
(김명숙과 늘휘무용단)

1999년 국립국악원 예악당 「일무와 산조춤의 만남」 공연 (김명숙)

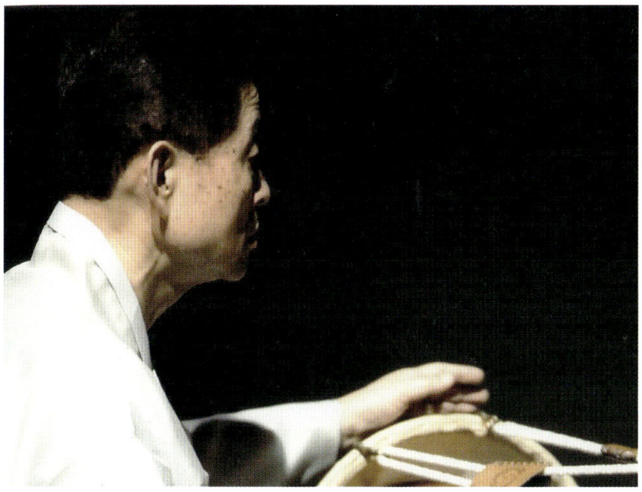

2003년 국립국악원 예악당 「육법공양 헌무의식과 소천」 공연 연주 (황병기)

2003년 국립국악원 예악당 「육법공양 헌무의식과 소천」 공연 연주 (지애리)

2003년 국립국악원 예악당 「육법공양 헌무의식과 소천」 공연 중 군무

2003년 국립국악원 예악당 「육법공양 헌무의식과 소천」 3인무와 연주 (황병기, 지애리)

2003년 국립국악원 예악당
「육법공양 헌무의식과 소천」 공연 후 커튼콜

2003년 국립국악원 예악당 「육법공양 헌무의식과 소천」 공연 중 산조춤 솔로 (김명숙)

2003년 국립국악원 예악당 「육법공양 헌무의식과 소천」 공연 후 리셉션

2005년 뉴욕대학 초청공연 중 산조춤 솔로 (김명숙)

2006년 LG아트센터 김명숙 늘휘무용단 10주년 기념공연 「상·상」 (배진일)

2006년 LG아트센터 김명숙 늘휘무용단 10주년 기념공연 「상·상」 (김명숙)

2006년 LG아트센터 김명숙 늘휘무용단 10주년 기념공연 「상·상」 (안시향, 윤여숙)

2006년 LG아트센터 김명숙 늘휘무용단 10주년 기념공연「상·상」중 군무

2007년 네덜란드 대사관저에서 대사 부부와 늘휘무용단

2007년 네덜란드 헤이그「산조춤」공연 중 군무

2007년 네덜란드 헤이그 「산조춤」 공연 (김명숙)

가야금 명인 황병기 & 무용가 김명숙

놀랍게도 황병기의 전 작품은 무용으로 재탄생되었다. 무용을 염두하고 만든 곡은 매우 적었지만, 전 세계의 무용가들은 끊임없이 그의 음악을 유려한 몸짓으로 승화시켰다. 제일 처음 그의 작품이 무용으로 만들어진 것은 1965년, 미국인 칼 월스에 의해서였고 곧이어 일본 무용수 네 명이 '숲'이란 곡으로 창작 무용을 완성시켰다. 이외에도 숱한 국내외 무용수들이 황병기의 음악을 춤으로 만들었지만, 놀휘무용단의 예술감독이자 교수인 김명숙은 2년 전, 황병기 명인의 70분짜리 가야금 산조를 춤으로 완성시켜 그를 놀라게 했다. 이화여자대학교에서 교수로 재직하며 예술적인 영감을 나눈 그들.

"작품에 대해 이야기하고, 같이 고민하면서 친분을 쌓았죠. 김명숙 교수가 나를 마음으로 따라줘서 고마웠어요. 그저 편안하게 어울리면서 서로의 예술세계를 깊게 이해하게 된 셈이야"라는 명인 황병기의 말처럼, 십여 년이 넘는 시간 동안 그들은 서로의 예술을 인정하며, 여러 번의 합작품을 무대에 올렸고, 흡족한 결과를 경험하며 더욱 신뢰를 쌓아 갔다. 무용수로서 느끼기에 그의 음악은 섬세하고 격조가 있었고, 시대를 앞서가는 감각으로 가득했다. 편안하고 고운 가야금 가락을 따라 김명숙의 몸은 자유로이 유영했고, 요란하지 않으면서도 아름다운 그녀의 춤사위는 황병기 명인에게 묘한 감동을 안겨 주었다. 오래도록 예술적으로 교감해 온 그들이 오는 10월 17일 또 한 번의 동행을 준비하고 있다. 가을 향이 짙게 밴 서울남산국악당에서 펼쳐질 두 예인(藝人)의 신세계가 기다려진다.

2008년 남산국악당 「김명숙의 산조춤」 공연에 관한 〈플레이빌〉 잡지 기사 (김명숙, 황병기)

2008년 남산국악당 「김명숙의 산조춤」 공연 (김명숙)

2006년 9월 30일 LG아트센터 늘휘무용단 10주년 기념공연
야외촬영[장소: 대한다원] 황병기, 김명숙

2006년 9월 30일 LG아트센터 늘휘무용단 10주년 기념공연 야외촬영[장소: 대한다원] 김명숙

◀ 2006년 9월 30일 LG아트센터 늘휘무용단 10주년 기념공연 야외촬영[장소: 대한다원] 황병기, 김명숙

2009년 예술의전당 토월극장 「상·상 II」 공연 (김민지, 김정래, 박경은, 배진일)

2009년 예술의전당 토월극장 「상·상 II」 공연 중 진양장단 군무

2009년 예술의전당 토월극장 「상·상 II」 공연 (박경은)

2009년 예술의전당 토월극장 「상·상II」 공연 (이한솔, 박경은, 배진일, 이은정, 김민지, 김정래와 늘휘무용단)

2009년 예술의전당 토월극장 「상·상II」 공연 (이은정, 김민지, 박경은, 배진일, 김연희)

2009년 예술의전당 토월극장 「상·상 II」 공연 (김명숙)

2009년 예술의전당 토월극장 「상·상 II」 공연 (김명숙과 늘휘무용단)

2009년 뉴욕 아시아 소사이어티 초청공연 안내판

2009년 뉴욕 아시아 소사이어티 초청공연 후
록펠러센터 앞에서 (황병기, 김명숙, 늘휘무용단)

2009년 뉴욕 아시아 소사이어티 초청공연 「Taintless Spring」 (배진일)

2009년 뉴욕 아시아 소사이어티 초청공연 후 리셉션
(뉴욕대학 길버트 교수, 하영미 교수, 데보라 교수)

2009년 뉴욕 아시아 소사이어티 초청공연 후 리셉션
(김명숙, 황병기, 김아타)

2009년 뉴욕 아시아 소사이어티 초청공연 「Taintless Spring」 (김명숙)

2009년 뉴욕 아시아 소사이어티 초청공연 「Taintless Spring」 (늘휘무용단 군무)

2010년 국립국악원 우면당 「김명숙의 한국춤 전통의 맥찾기Ⅳ」 공연 후 기념촬영 (황병기, 김명숙, 지애리, 늘휘무용단)

2010년 국립국악원 우면당 「김명숙의 한국춤 전통의 맥찾기Ⅳ」 공연 중 산조춤 솔로 (김명숙)

2010년 국립국악원 우면당 「김명숙의 한국춤 전통의 맥찾기Ⅳ」 공연 중
산조춤과 연주 (황병기, 지애리, 늘휘무용단)

2010년 국립국악원 우면당 「김명숙의 한국춤 전통의 맥찾기Ⅳ」 공연 후 무대인사

2010년 국립국악원 우면당 「김명숙의 한국춤 전통의 맥찾기Ⅳ」 공연 중 산조춤 솔로 (김명숙)

2012년 LG아트센터 「상·상Ⅲ」 공연 중 군무 '봄'

2012년 LG아트센터 「상·상Ⅲ」 공연 중 군무 '여름'

2012년 LG아트센터 「상·상Ⅲ」 공연 중 군무 '가을' (김명숙)

2012년 LG아트센터 「상·상Ⅲ」 공연 중 군무 '겨울'

2012년 파리 「The Lucid Spring」 공연
(박경은, 이은정, 김현선, 최시원, 여길랑)

2012년 「The Lucid Spring」 공연 후 무대인사

2012년 파리 「The Lucid Spring」 공연을 마치고 (김명숙과 늘휘무용단)

2016년 LG아트센터 김명숙 늘휘무용단 창단 20주년 기념공연 「상·상」 (김명숙)

2016년 LG아트센터 김명숙 늘휘무용단 창단 20주년 기념공연 「상·상」 (이한솔, 박경은, 배진일, 이은정)

2016년 LG아트센터 김명숙 늘휘무용단 창단 20주년 기념공연 「상·상」 중 군무

2016년 LG아트센터 김명숙 늘휘무용단 창단 20주년
기념공연 「상·상」 (박경은)

2016년 LG아트센터 김명숙 늘휘무용단 창단 20주년 기념공연「상·상」중 군무

2016년 LG아트센터 김명숙 늘휘무용단 창단 20주년 기념공연 후 리셉션에서 (김명숙, 황병기, 지애리)

2016년 LG아트센터 김명숙 늘휘무용단 창단 20주년 기념공연 후 리셉션에서 (김매자, 김명숙, 늘휘무용단)

2016년 LG아트센터 김명숙 늘휘무용단 창단 20주년 기념공연 「상·상」
조선일보 인터뷰 중 이화여대 교정에서 (황병기, 김명숙)

2016년 LG아트센터 김명숙 늘휘무용단 창단 20주년 기념공연 「상·상」 준비 중 이화여대 교정에서 (김명숙과 늘휘무용단)

2016년 LG아트센터 김명숙 늘휘무용단 창단 20주년 기념공연 「상·상」 (김명숙) ▶

참고문헌

국립국악원(1999).『宮中舞踊舞譜 9』. 서울: 국립국악원[편].

______(2009).『宮中舞踊舞譜 13』. 서울: 국립국악원[편].

국립문화재연구소(1989).『승무. 살풀이춤』. 서울: 문화재관리국.

______(1995).『舞譜集(입춤·한량무·검무)』. 서울: 국립문화재연구소.

국립문화재연구소(1997).『한국의 중요무형문화재; 5 태평무(太平舞)』. 서울: 국립문화재연구소.

김명수(2015).『조선의 마지막 춤꾼, 이동안: 재인청 춤의 기억과 김명수식 춤 표기』. 파주: 서해문집.

김명숙(1992).『안무법』. 서울: 당그래.

______(2001).「춘대옥촉의 재현에 관한 고찰」.『무용예술학연구』 8집.

______(2002).「최현의 작품특성 연구 - '비상'과 '허행초'를 중심으로」.『무용예술학연구』 10집.

______(2004).「이매방의 예술세계」.『무용예술학연구』 13집.

______(2004).「김천흥의 예술세계」.『무용예술학연구』 14집.

______(2007).「한영숙춤의 특질과 예술세계」.『무용예술학연구』 22집.

______(2015).「종교의식의 의식무용화 작업에 관한 연구:「육법공양(六法供養)」을 중심으로」.『무용예술학연구』 56집.

김성수(2007).『울산학춤연구: 총정리』. 울산: 울산학춤보존회.

김온경(1997).「姜太弘流의 散調춤 硏究」.『한국무용연구』 15집.

김진걸(1989).『金振傑류 散調춤 舞譜』. 서울: 은하출판사.

박경은·김명숙(2014).「음양오행의 상생상극론을 적용한 무용창작작품연구: 〈휘(暉), 빛의 노래〉를 중심으로」.『무용예술학연구』 47집.

송문숙(1997).「황무봉류 산조에 관한 연구」.『대한무용학회논문집』 22집.

안병헌·박지영(2005).「산조춤의 창작기반에 내재된 김백봉의 예술세계」.『한국체육철학회지』 13(2).

양선희·강미선(2005).『(기본동작 무보) 당신의 춤사랑: 故황무봉 선생 추모 10주기 기념』. 서울: 운선.

양성옥(2005).『장고춤: 무보』. 서울: 한국예술종합학교 전통예술원.

이종숙(2008).『처용무보(處容舞譜)』. 서울: 중요무형문화재 제39호 처용무보존회.

이해랑(1985).『한국음악사전』. 대한민국예술원.

이희병(2012).『경기시나위춤 무보집』. 서울: 민속원.

임순자(2013).『(청송 한진옥) 호남검무』. 파주: 태학사.

정진한(2007).『김백봉 화관무 2』. 파주: 한국학술정보.

조흥동(2007).『조흥동의 한량무』. 파주: 열화당.

허순선(2005).『한국의 춤사위와 무보틀』. 서울: 형설출판사.

황병기(1998).『정남희제 황병기류 가야금 산조』. 서울: 이화여자대학교출판부.

김명숙류 산조춤 소천素泉 무보집

펴낸날 1판 1쇄 2017년 10월 30일
지은이 김명숙
펴낸이 권은미
펴낸곳 이화여자대학교출판문화원
주소 서울특별시 서대문구 이화여대길 52(우03760)
등록 1954년 7월 6일 제9-61호
전화 02) 3277-2965(편집), 362-6076(마케팅)
팩스 02) 312-4312
전자우편 press@ewha.ac.kr
홈페이지 www.ewhapress.com
책임편집 이혜지
찍은곳 현문자현

ISBN 979-11-5890-250-6 93680

값 30,000원

* 잘못된 책은 바꾸어 드립니다.

이 도서의 국립중앙도서관 출판예정도서목록(CIP)은 서지정보유통지원시스템 홈페이지
(http://seoji.nl.go.kr)와 국가자료공동목록시스템(http://www.nl.go.kr/kolisnet)에서
이용하실 수 있습니다. (CIP제어번호: CIP2017026579)